Max Heber

Gutachten und Reformvorschläge für das Vienner generalconcil

1311-1312

Max Heber

Gutachten und Reformvorschläge für das Vienner generalconcil
1311-1312

ISBN/EAN: 9783743409095

Hergestellt in Europa, USA, Kanada, Australien, Japan

Cover: Foto ©ninafisch / pixelio.de

Manufactured and distributed by brebook publishing software (www.brebook.com)

Max Heber

Gutachten und Reformvorschläge für das Vienner generalconcil

*MASTER
NEGATIVE
NO. 92-81125-14*

MICROFILMED 1993

COLUMBIA UNIVERSITY LIBRARIES/NEW YORK

as part of the
"Foundations of Western Civilization Preservation Project"

Funded by the
NATIONAL ENDOWMENT FOR THE HUMANITIES

Reproductions may not be made without permission from
Columbia University Library

COPYRIGHT STATEMENT

The copyright law of the United States - Title 17, United States Code - concerns the making of photocopies or other reproductions of copyrighted material.

Under certain conditions specified in the law, libraries and archives are authorized to furnish a photocopy or other reproduction. One of these specified conditions is that the photocopy or other reproduction is not to be "used for any purpose other than private study, scholarship, or research." If a user makes a request for, or later uses, a photocopy or reproduction for purposes in excess of "fair use," that user may be liable for copyright infringement.

This institution reserves the right to refuse to accept a copy order if, in its judgement, fulfillment of the order would involve violation of the copyright law.

AUTHOR:
HEBER, MAX

TITLE:
GUTACHTEN UND REFORMVORSCHLAGE
PLACE:
LEIPZIG
DATE:
1896

Master Negative #

92-81125-14

COLUMBIA UNIVERSITY LIBRARIES
PRESERVATION DEPARTMENT

BIBLIOGRAPHIC MICROFORM TARGET

Original Material as Filmed - Existing Bibliographic Record

Weber, Max, 1864-
    Gutachten und reformvorschläge für das Wiener generalconcil, 1311-1312. Leipzig, Fischer,
1896.
    74 p.   21½ cm.

    Thesis, Leipzig.

    Another copy.
Box 30

141668

Restrictions on Use:

TECHNICAL MICROFORM DATA

FILM SIZE: 35m
REDUCTION RATIO: 1x
IMAGE PLACEMENT: IA (IA) IB IIB
DATE FILMED: 3-1-93   INITIALS DLY
FILMED BY: RESEARCH PUBLICATIONS, INC WOODBRIDGE, CT

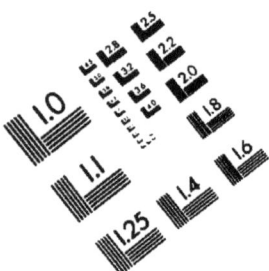

Association for Information and Image Management
1100 Wayne Avenue, Suite 1100
Silver Spring, Maryland 20910
301/587-8202

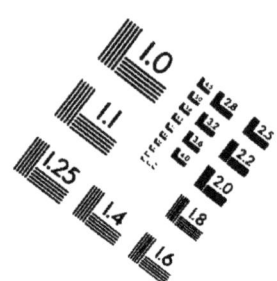

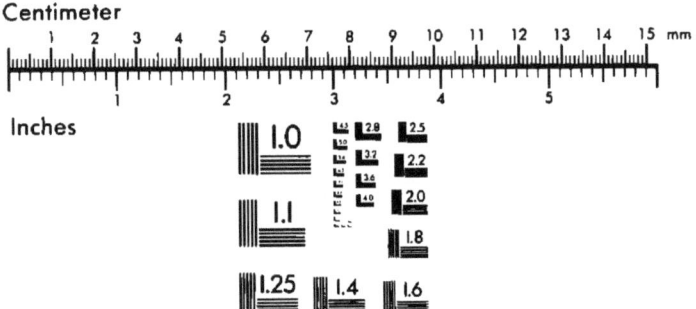

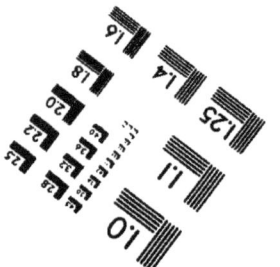

MANUFACTURED TO AIIM STANDARDS
BY APPLIED IMAGE, INC.

Gutachten
und
Reformvorschläge
für das
Wiener Generalconcil
1311—1312.

Inaugural-Dissertation
verfasst und der
philosophischen Fakultät der Universität Leipzig
zur
Erlangung der Doktorwürde
vorgelegt von
Max Heber,
Mitglied des Predigerkollegiums St. Pauli zu Leipzig.

Leipzig.
Druck von Fischer & Wittig.
1896.

Meiner Mutter.

Inhalt.

	Seite
Erster Abschnitt: Vorbedingungen, Berufung und Zusammentritt des Concils	1
Zweiter Abschnitt: Geschäftsgang und Art der Verhandlungen auf dem Concil	8
Dritter Abschnitt: Gutachten über die Templerfrage. Die Schreiben von Jakob Duese und Le Maier	15
Vierter Abschnitt: Kreuzzugsgutachten. Die Kreuzzugsfrage zu Anfang des vierzehnten Jahrhunderts und Clemens V. Die Gutachten von Pierre Dubois, Raymundus Lullus, Marino Sanuto, Jakob von Molay, Fulco von Villaret, von Prinz Hayton, Nogaret, Heinrich II. von Lusignan, Le Maire	20
Fünfter Abschnitt: Reformvorschläge für die kirchlichen Sitten und die kirchliche Freiheit. Die Vorschläge von Le Maire, Wilhelm Durant, Ägidius Colonna, Jakob de Thermis	37
Sechster Abschnitt: Resultat der Concilsverhandlungen	59
Exkurs: Das Schreiben des Jakob Duese	63
Das Leben und die Bedeutung des Durant	72

Gutachten und Reformvorschläge

für das

Wienner Generalconcil 1311—1312.

Erster Abschnitt.
Vorbedingungen, Berufung und Zusammentritt des Concils.

Am 12. August 1308 erließ Papst Clemens V. von Poitiers aus die Bulle Regnans in coelis, durch die er für den 1. Oktober 1310 ein Generalconcil nach Vienne ausschrieb. Es war eine trübe Zeit für ihn und für die Kirche. Als man sich zur vierzehnten allgemeinen Synode rüstete und sie feierte, war der Papst noch der Herrscher der Welt. Das fünfzehnte allgemeine Concil berief ein Diener der französischen Krone, Clemens V.[1]). Allmählich war das Papsttum eines Gregor VII. und Innocenz III. von seiner Höhe herabgesunken, bis es mit Bonifaz VIII. vor den Augen der Welt zu Grabe getragen worden war. Auf die Flut folgte die Ebbe: die zurückgedrängte Welt legte sich wieder gegen die Kirche durch[2]).

---

[1]) Der Kardinal Napoleon Orsini klagt in seinem Brief an König Philipp vom Jahr 1314, daß Clemens V. nahe daran war, die Kirche in einen Winkel Frankreichs zu verlegen, abgedruckt bei M. Souchon, Die Papstwahlen von Bonifaz VIII. bis Urban VI. Braunschweig 1888, p. 187.

[2]) Johann von Paris schreibt dem Staat die gleiche Würde wie der Kirche zu, de potest. reg. et pap. bei Goldast, monarchia II, 108. 132. Pierre Dubois ist nach späteren in seinen Forderungen, de recuperatione terrae sanctae ed. Ch. V. Langlois, Paris, 1891 p. 33 und Deliberatio, bei Dupuy, histoire du différend d'entre le pape Bonif. VIII. et Philippe le Bel. Paris 1655, p. 44. Daß Dubois mehr ist als ein „literarischer Abenteurer mit utopischer Ideenwelt", Btt. Centralbl.

Der energischste Vertreter der neuen Zeit — man kann ihn schon einen Vertreter der modernen Zeit nennen[1]) — im Kampf gegen die Päpste war Philipp der Schöne von Frankreich. Glücklich in der Wahl seiner Ratgeber, jeder tieferen sittlichen und religiösen Empfindung bar, kühlberechnend, stahlhart, so tritt er uns entgegen[2]). Neben solchem Herrscher stand ein Clemens V. Gegensätze treten deutlicher hervor, je näher sie aneinander gerückt sind. Die Schwäche des Papstes erscheint neben der Stärke des Königs um so größer. Das muß man immer bei einer gerechten Beurteilung des Papstes bedenken. Zeit und Ort verlangten eine hervorragende Geisteskraft und einen unbeugsamen Charakter, Clemens V. aber war beides nicht beschieden. Freilich Clemens V. war es selbst, der sich in Philipps Machtbereich begeben hatte und sich dort trotz seiner Gewissensbisse festhalten ließ. Das ist ihm vor allem, weniger als seine Schwäche, zum Vorwurf zu machen; denn damit gab er das ewige, heilige Rom auf, ließ er das Schifflein Petri von der französischen Macht ins Schlepptau nehmen und senkte das Papsttum dadurch in die allerverhängnisvollsten Bahnen. Clemens V. fehlte der weit-

tragende Adlerblick seiner großen Vorgänger, er schaute nicht über den Zaun seiner kleinen Interessen: ein kränklicher Gelehrter, kleinlich im Haß[1]), kleinlich in der Liebe[2]), nicht frei von Habsucht[3]), ein Zauberer, über dessen Leben man den Spruch schreiben könnte, den man über den Zellen der Kartäuser ließt: in ape et silentio fortitudo nostra[4]).

Zweierlei wollte der französische Herrscher vom Papste erlangen. Einmal, Bonifaz VIII. sollte von Clemens V. als Ketzer hingestellt werden; zum anderen, der Templerorden sollte aufgehoben werden. Das erstere wollte Philipp, um rein dazustehen vor der Mit- und Nachwelt wegen seines gewaltsamen Vorgehens gegen die geheiligte Person des Papstes[5]).

1892, Nr. 29, erfährt man daraus, daß Philipp der Schöne auf Dubois' Vorschlag bis seinem Bruder mit der Erbin des griechischen Kaiserreichs verschwägert, erkennt man es ihr Rolle, die er im Bonifazianischen wie im Templerprozeß spielte.

[1]) Boutaric, la France sous Philippe le Bel. Paris 1861, p. 427 s.
[2]) Ranke, Französl. Gesch. 1868. I, 34.
[3]) Von den Zeitgenossen wird Philipp vielfach drückend und völlig abhängig von seinen Räten bezeichnet, Dupuy, l. c. p 4. Dubois, de recup. t. s. p. 118. Die Citate Boutarics, l. c. p. 418. 17. Le Clere, discours sur l'état des lettres et des beaux-arts en France au XIV. siècle. hist. littér. de la France XXIV, 205. Man darf aber dabei nicht übersehen, daß Philipp die fremden Ratschläge durch die Art und Weise, wie er sie anwendete und ausführte, zu den seinigen machte. Zur Beurteilung Philipps s. auch R. Wenck, Regesten von Schottmüllers: Der Untergang des Templerordens, Götting. Gel. Anz. 1888, p. 471. Anm.

[1]) Man denke an sein Verhalten gegen Walther von Paris und Aegidius Colonna, bei R. Wenck, Clemens V. und Heinrich VII. Halle 1882, p. 36. 37.
[2]) Man erinnere sich an die zahlreichen Besitzbevorrechtigungen und ungerechten Erwerbungen seiner Verwandten, bei Fr. Ehrle, Archiv für Litteratur und Kirchen-Gesch. des M. A., Bd. V, 139—141. 148, aber auch an sein offenes Schreiben, sich hierin zu bessern, vom 20. Februar 1307. Reg. Clem. V. ed. cura et stud. Mon. ord. S. Ben. Romae t. II, 7263.
[3]) Auf dem Todesbette befahl Clemens V. die Schatzkämmerlinge zu verbrennen, die die Summen enthielten, die sich der Papst unter dem Titel von servitia secreta bei der Übertragung von Benefizien hatte bezahlen lassen, bei Fr. Ehrle, Archiv V, 80, s. auch R. Wenck, Clemens V. x., p. 61 und treffliche Verfassers angeführte Migration Schottmüllers, p. 492.
[4]) In dem schon erwähnten Brief Orsinis verlangt der Kardinal grade die Vorgänge von dem Nachfolger Clemens' V., die Clemens V. gehöbt haben. Die Worte des Kardinals sind, meiner Meinung nach, wichtig für die Charakteristik Clemens V., bei N. Gouchon, l. c p. 187: conclamans fidei . . celaverem populi inservire.
[5]) Der Verfasser des anonymen Schriftstückes (Boutaric, der es publiziert in den notices et extraits des mss. de la bibl. impér. Paris 1862, XX, p. 150, schreibt es dem Nogarri zu, E. Renan dem Dubois, s. hist. littér. de la Fr. XXVI., R. Wenck läßt die Frage nach dem

Philipp selbst zwar heuchelte, aus Eifer für die Reinheit der Kirche wolle er den Ketzer Bonifaz auch noch im Grabe gebrandmarkt sehen. Die Templer aber müßten, so gab er vor, ihrer Ketzerei wegen aufgehoben werden, dann könnte man auch ihre Güter, die ungenützt brachlägen, für einen Kreuzzug verwenden[1]. In Wahrheit waren es rein staatsmännische Absichten, die der rex catholicus, der minister Dei, der pugil fidei catholicae, der legis divinae zelator[2] bei der Aufhebung des Templerordens verfolgte: die Templer, die mit ihrer ungeheuren Macht einen Staat im Staate bildeten, waren dem Streben Philipps, ein großes und mächtiges Frankreich zu schaffen, sehr im Wege, ihre Schätze dagegen waren dem immer in Geldnot sich befindenden König sehr erwünscht. Politische Erwägungen waren es also, die die Geschichte der Ketzereien des Templerordens erfanden[3]. Das Verlangen, das Philipp an Clemens V. richtete, den toten Papst zu verdammen, war ihm nur Mittel zum Zweck: er wollte dadurch die päpstliche Einwilligung zur Aufhebung des Templerordens erzwingen[4], die deshalb wichtiger für ihn war, weil sie gewinnbringender

---

Verfasser offen. Rezension von Funk, Papst Benedikt XI. in Götting. Gel. Anz. 1893, p. 132, Anm. 4) elit Philipp als Bonifaz VIII. öffentlich als Ketzer anzuklagen und zu diesem Zweck bestochte Zeugnisse aller Schriften zu suchen, die beweisen, daß Philipp nicht der erste Herrscher war, der gegen einen Papst in dieser Weise vorging.

[1]) Baluze, Vitae pap. Avinion. Paris 1693, II, 115

[2]) Sämtliche angezogene Ausdrücke stammen aus der Denkschrift Dubois' zur Templerfrage in notic. et extraits XX₂, 182.

[3]) Boutaric, la France sous Philippe le Bel, Paris 1861, p. 126 bis 128; Renan, Bertrand de Got, pape sous le nom de Clém. V., hist. littér. de la Fr. XXVIII, 285. 86; R. Wenck, Clemens V. etc. p. 70 ff. und besd. Gesch. Reg. Guelinas, Götting. Gel. Anz 1896, p. 532 ff., endlich Delaville le Roulx, la suppression des Templiers. Rev. des quest. hist. 48, 34. 35.

[4]) Renan, hist. litt. de la Fr. XXVIII, 293; Boutaric, Rev. des quest. hist. XI, 20.

---

für ihn war. Das ist das Unedle an der Kampfesweise Philipps, daß er seine habsüchtigen Interessen nicht nur verschleierte, sondern sich dabei auch noch den Anschein gab, als ob er um der höchsten und reinsten Zwecke willen handele[1].

Am 13. Oktober 1307 ließ der König eigenmächtig, Papst und Kirche völlig mißachtend, die Templer im Königreich unter dem Vorwande, sie hätten die schrecklichsten Verbrechen begangen, verhaften[2]. Auf die hierauf folgenden Verhandlungen zwischen Papst und König brauchen wir nicht näher einzugehen, es genüge die Angabe, daß der Papst im Jahre 1308 den Orden, dessen Schicksal er ganz in die Hände des Königs gelegt hatte, eigentlich schon aufgegeben hatte[3]. Die raffinierte Vorspiegelung falscher Beweggründe, die ihm Philipp und seine Helfershelfer machten, dazu die Furcht vor dem Schicksale des Bonifaz hatten ihn also handeln lassen. „Was nun noch folgt, ist teils absichtliches, teils unabsichtliches juristisches Gaukelspiel, um den Justizmord so gut als möglich zu maskieren"[4].

Nun hatte Philipp früher, wegen seines Streites mit Bonifaz, ein Generalconcil verlangt[5]. Diesen Wunsch des Königs nahm der Papst jetzt auf. Am 12. August 1308 erließ Clemens die Bulle Regnans in coelis, in der er den Stand der Templerfrage darstellt und ein allgemeines Concil

---

[1]) Notic. et extraits XX₂, 163—168 und daselbst die Kampfesweise Dubois', p. 175—186.

[2]) Der Brief des Königs vom 14. September 1307 an den Bischof von Rouen, die Templer festzunehmen, bei Boutaric, Rev. des quest. hist. X, 329—331.

[3]) Die Urkunden bei Baluze, l. c. II, 97 ff. und Boutaric, Rev. etc. XI, 14 ff.

[4]) Hefele-Knöpfler, Concil.-Gesch. VI, 433.

[5]) Raynald, annal eccles. ad. ann. 1307, § 10 und die Bulle Rex gloriae bei Rabuald, l. c. 1311, § 26.

für den 1. Oktober 1310 nach Vienne berufs¹). Zugleich verkündet er, worüber auf dem Concil verhandelt werden sollte: über die Angelegenheiten des Templerordens, über die Wiedererlangung und Unterstützung des heiligen Landes, über die Reform der kirchlichen Sitten und des geistlichen Standes. Die Erzbischöfe und Bischöfe fordert er auf, persönlich auf dem Concil zu erscheinen und bis dahin zusammenzustellen, was in der Kirche reformbedürftig wäre und ihre Gutachten zur Kenntnis des Concils zu bringen.

Zu derselben Zeit erließ der Papst noch eine andere Bulle, Faciens misericordiam, in der er wie in der Berufungsbulle die Templersache darstellt²), und das Schreiben ad omnium fere notitiam³). Obwohl die Schuld der Templer, wenigstens nach den päpstlichen Schreiben, erwiesen war, bestimmte er trotzdem, daß in den einzelnen Diözesen aller Ordensprovinzen der Bischof der Diözese, zwei Domherren und je zwei Franziskaner und Dominikaner die Templer noch einmal verhören sollten. Außerdem setzte er eine Generalkommission für Frankreich in Paris ein, die gleichfalls die Templerfrage noch einmal untersuchen, d. h. die Schuldbeweise vermehren sollte. Der Papst wollte Material in die Hände bekommen für die Verhandlungen auf dem Generalconcil, um dort sein Verfahren gegen den Orden rechtfertigen zu können und denselben dann endgültig und offiziell aufzuheben. Diese Untersuchungen zogen sich länger hin, als man dachte. Um sie völlig zum Abschluß zu bringen, verschob Clemens die Eröffnung des Concils durch die Bulle Alma mater (vom 4. April 1310) auf den 1. Oktober 1311⁴).

---

¹) Die Bulle in Collection des documents inédits sur l'histoire de France, Mél. hist. II, 429 ff. und Reg. Clem. V., t. III, 3626 ff.
²) Reg. Clem. V., t. III, 3402.
³) Bei Höfele, l. c. VI₁, 438.
⁴) Reg. Clem. V., t. V, 6293. Nec videmus nonnulla alia, quae

---

Mitte September 1311 verließ Clemens seine Sommerfrische Grozeau und traf am 30. September in Vienne ein¹). Vienne, die reiche und blühende Römerstadt, war damals schon von ihrer Herrlichkeit herabgesunken. Nur zahlreiche Denkmäler und Ruinen erinnerten, wie auch heute noch, an ihre große Vergangenheit. Vienne hatte der Papst deswegen gewählt, weil es eine nichtfranzösische Stadt war²), es lag zwischen der päpstlichen Grafschaft Benaissin, die seit 1273 unter unmittelbarer Herrschaft der Kurie stand³), und dem Gebiet des Philipp feindlich gesinnten Erzbischofs von Lyon. Clemens hoffte sich dort freier bewegen zu können. So gab Vienne der Welt das fünfzehnte ökumenische Concil, das einzige des vierzehnten Jahrhunderts. Das folgende Jahrhundert hatte drei. 114 Bischöfe⁴) aus Frankreich, Italien, Spanien, England und Deutschland fand Clemens bereits versammelt und eine große Anzahl von Äbten, Mönchen, Priestern. Am 16. Oktober 1311 eröffnete der Papst das Concil mit einem feierlichen Gottesdienst in der Kathedrale⁵). Noch einmal nannte er die drei, wenn man will auch vier Punkte, um

---

in conciliis sunt tractanda, concilio posse usque ad praefatum statutum terminum taliter praeparari quod ad ipsius examen concilii decenter valeant introduci.
¹) Von diesem Tage an datiert er wenigstens von Vienne aus Reg. Clem. V., t. VI, 7818 und Baluze, l. c. I, 43.
²) O. Bluedmann, Die Beziehungen Karls IV. zum Königreich Arelat. Straßb. Diss. 1882, p. 30, Num. 2 a. p. 40. Vienne stand unter der Hoheit der Erzbischöfe und des Papstes und durch diese mittelbar unter Reichshoheit. Erst 1378 erhielt der Dauphin die Gewalt über die Stadt Vienne zugestanden.
³) O. Bluedmann, l. c. p. 96.
⁴) Es gibt wenigstens giebt Will. v. Nangis' cont. ed. H. Gérand I, 388 an. Nach Ptol. Luc. bei Baluze, l. c. I, 43. Dagegen Villani, IX, 22 setzt von 300.
⁵) Raynald, l. c. 1311, § 54.

deren willen er das Concil berufen habe¹). Hierauf hat er die Versammlung, einen engeren Ausschuß zu ernennen, mit dem man über die Templerfrage verhandeln könne²) und ermahnte die Prälaten, bei sich zu bedenken, wie man am besten die vorgenommenen Fragen anordnen und mit Umsicht zu Ende führen könne³). Nach dieser Eröffnungsrede trat man in die eigentlichen Verhandlungen ein, die zum Teil in einem Saal des erzbischöflichen Palastes stattfanden⁴), und zwar in der in der Berufungsbulle angegebenen Reihenfolge.

Zweiter Abschnitt.
Geschäftsgang und Art der Verhandlungen auf dem Concil.

In die Verhandlungen auf dem Concil, über die wir bis zum Jahre 1888 so viel wie nichts wußten⁵), hat uns Ehrle durch seine Publikationen⁶) einen ganz neuen Einblick eröffnet. Das Aktenstück vom Wiener Concil, das Ehrle veröffentlicht, enthält die Auszüge (einen Teil davon), die ein Kardinalskomitee der besseren Übersicht wegen aus den umfangreichen Gutachten, die aus aller Herren Ländern für die Verhandlungen des Concils eingelaufen waren und sich

---
¹) Wilh. v. Nangis' cont. I, 388 u. die Aufzeichnungen des päpstlichen Ceremoniars bei Ehrle, Archiv ꝛc. V, 575.
²) Ehrle, Archiv ꝛc. V, 575.
³) Bern. Guid. bei Balnze, l. c. I, 74, 75.
⁴) M. E. Charvet, histoire de la Sainte Eglise de Vienne. Lyon 1761, p. 447, Anm.
⁵) Ehrle, Archiv II, 353.
⁶) Ehrle hat ein Aktenstück vom Wiener Concil veröffentlicht, Archiv IV, 361—470; den Nachdruck Clemens' V. und den darüber von Johann XXII. geführten Prozeß, Archiv V, 1—166 und die Aufzeichnungen des Kardinals Jacob Gaëtani über die drei öffentlichen Sitzungen des Wiener Concils, Archiv V, 563—583.

mit der Frage der kirchlichen Freiheit beschäftigt haben müssen, angefertigt hatte. Aus der Einleitung zu diesem Aktenstücke ersehen wir, daß auch ähnliche „Auszüge" aus Gutachten, die die Reform der Sitten behandelten, angelegt waren¹). Aus diesem Thatbestand folgert Ehrle²), daß auch in Bezug auf Gutachten, die sich mit der Templerfrage und der Kreuzzugsfrage, über die ja auch auf dem Concil verhandelt werden sollte, solche Auszüge angelegt waren. Er ist der Meinung: 1. es wurden Gutachten eingereicht und rubriziert, die sich mit den oben angegebenen vier Punkten beschäftigten. 2. diese Gutachten wurden zum Teil auf Grund des Einberufungsschreibens (12. August 1308), zum Teil erst auf Grund der Aufforderung des Papstes in der ersten Sitzung (16. Oktober 1311) verfaßt und eingereicht.

Seine Vermutung zu stützen, führt er folgende Gründe an:
1. Wie wir aus den erhaltenen Auszügen ersehen können, enthielten manche Rollen über hundert Artikel, von denen eine verhältnismäßig geringe Zahl, ja in mehreren Rollen kein einziger, sich mit der Frage der Freiheit der Kirche befaßte. Ohne Zweifel müssen sich darum die übrigen Artikel, sagt er, wie es uns auch das Gutachten des Le Maire (s. unten S. 13, Anm. 3) zeigt, auf übrigen Beratungsgegenstände, Reform der Sitten, Templerfrage, Kreuzzugsangelegenheit, bezogen haben³).

2. Der Bericht des Tolomeo⁴) giebt uns einen weiteren Beweis dafür. Der schreibt: „Unterdessen (d. h. nach der ersten Sitzung) wurden die Prälaten samt den Kardinälen berufen, um über die Templer zu verhandeln. Nach Verlesung der Akten kommen alle, einzeln vom Papst befragt,

---
¹) Archiv IV, 366.
²) Archiv IV, 433. 443.
³) Archiv IV, 434.
⁴) Balnze, l. c. I, 43.

darin überein, daß er den Templern Gehör und Verteidigung gewähren solle. Dieser Ansicht waren alle Prälaten Italiens, mit Ausnahme eines einzigen, Spaniens, Deutschlands, Daciens, Englands, Schottlands und Irlands, Galliens, außer den drei Metropoliten von Rheims, Sens, Rouens. Das geschah im Anfang des Dezembers." Dieser Bericht zeigt uns die Prälaten genau so, wie es in den erhaltenen Auszügen der Fall sei, nach Nationen geordnet und die französischen Prälaten nach Kirchenprovinzen gruppiert. Tolomeo teilt uns also das Resultat mit, welches sich aus den die Templerfrage betreffenden Rubriken ergab.

Ich bin anderer Meinung:

1. Es wurden nur Gutachten über die Frage der kirchlichen Freiheit und die Reform der Sitten, nicht auch über die Templer- und Kreuzzugsfrage eingereicht und rubriziert.

2. Diese Gutachten sind auf Grund des Einberufungsschreibens vom 12. August 1308 bis zum Sommer 1311, ähnlich wie die Akten über die in der ganzen Christenheit stattgefundenen Templerprozesse, eingegangen und rubriziert worden. Auf Grund der Aufforderung des Papstes in der ersten Sitzung hat man nur kurz darüber abgestimmt, ob die Templer zur Verteidigung zuzulassen seien oder nicht und ob eine Kreuzzugssteuer zu erheben sei oder nicht, nicht aber ausführliche Gutachten über diese Beratungsgegenstände niedergeschrieben.

Zum Beweise hierfür diene folgendes:

1. In der Einberufungsbulle verlangt der Papst von klugen und gottesfürchtigen Männern, sie sollten in der Zwischenzeit das, was Abstellung und Reform dringend verlange, gewissenhaft untersuchen und aufschreiben und zur Kenntnis des Concils bringen¹). Über die Templer- und

¹) Mélang. histor. II, 434.

Kreuzzugsfrage werden keine Gutachten verlangt. Bischof Duranti der Jüngere¹), der den Wunsch des Papstes erfüllte, beruft sich im Eingange seiner Schrift auf die päpstliche Bulle, er habe, wie es der Papst verlangt habe, das niedergeschrieben, worüber seiner Ansicht nach auf dem erwähnten Concil verhandelt werden müsse. Über die Templer- und Kreuzzugsfrage enthält sein Traktat, der uns vollständig erhalten ist, nichts. Duranti war selbst auf dem Concil anwesend. Hätte der Papst in der ersten Sitzung auch über die Templer- und Kreuzzugsfrage schriftliche Gutachten verlangt, so hätte er diesen Wunsch des Papstes gewißlich ebenso erfüllt, wie den in der Berufungsbulle ausgesprochenen, und sein Gutachten über diese zwei Punkte wäre uns wahrscheinlich ebenso erhalten, wie sein Votum über die Reform der kirchlichen Sitten. Wir finden davon nichts. Erst in den Jahren 1323—1328 hat er ein Kreuzzugsgutachten verfaßt, das uns erhalten ist¹).

2. Hätte man noch nach der ersten Sitzung des Concils schriftliche Gutachten verlangt, so hätte man völlig dem Zweck widersprochen, den man im Einberufungsschreiben mit der Forderung schriftlicher Gutachten verfolgte. Der Papst hatte nämlich deshalb zwei, beziehungsweise drei Jahre vor dem Concil Gutachten über die Reform der kirchlichen Sitten und der kirchlichen Freiheit eingefordert, um dann auf dem Concil, wenn vorher schon alles geordnet war, schneller vorwärts zu kommen. Auf dem Concil noch schriftliche Gutachten einfordern hätte nichts anderes bewirkt, als die Sitzungen, die man beschleunigen wollte, aufzuhalten.²)

¹) l. unt. S. 40 ff. und Exkurs p. 46 ff.
²) Delaville le Roulx, la France en Orient, in Bibl. des écoles franç. d'Athènes et de Rome. Paris 1886. I. 50—62, 1. unt. Ext. S. 69 f.
³) Im Jahre 1273 gab Gregor X. einigen mächtigen Bischöfen den Auftrag, sofort über die Schäden und Gefahren der Kirche genaue Unter-

3. Das päpstliche Verlangen in der ersten Sitzung braucht gar keine Aufforderung an die Prälaten zu sein, schriftlich ihre Meinungen aufzuzeichnen, wie es Ehrle meint, sondern ist nur eine Mahnung, über die vorliegenden Punkte nachzudenken, Einsicht in die Akten der Templerprozesse zu nehmen, um dann an den Verhandlungen Anteil nehmen zu können.

4. Clemens kannte den eisernen Willen Philipps, die Templer müssen fallen. Er selbst hatte demjelben bereits willfahrt und, nachdem ihm der Glaube an die Unschuld der Templer von Philipp und seinen Helfershelfern entwunden war, die Templer als schuldig hingestellt. Es wäre mehr wie unklug gewesen, wenn der Papst die Entscheidung, die bereits gefallen war, die er durch sein eigenes Urteil mitherbeigeführt hatte, durch eingeforderte Gutachten noch einmal in die Hände der Concilsväter gelegt hätte. Über nichts anderes wollte man auf dem Concil verhandeln als darüber, wie man mit den einzelnen Personen des Ordens, dessen Schuld jest stand, verfahren und wie man die Güter des Ordens verwenden müsse. Anders kam freilich die Sache, als von der Versammlung plötzlich die Forderung gestellt wurde, die Templer noch einmal zur Verteidigung zuzulassen, ehe man sie ohne weiteres verwerfe.

5. Konnte man von jedem gewöhnlichen Prälaten, dem die Erfahrung und Kenntnis des heiligen Landes abging, ein Gutachten über einen Kreuzzug verlangen? Brauchte man die wenigen Kreuzzugsgutachten der Sachverständigen¹), die

Judoungen angestellten und sechs Monate vor Beginn des Concils Trepartierte zu schickten, um die geeigneten Heilmittel zu bereiten und die übrigen Vorlagen ist die Eingabe vorzubereiten. Hefele-Knöpfler, l. c. VI, 129.

¹) Dieweile le Roulx, l. c. I, 3: Les projets de croisade, les avis demands par eux que leur expérience ou leur situation mettait en mesure d'éclairer l'Occident sur l'état de la Palestine étaient avant tout une oeuvre personnelle... ils eurent pour la plupart de parvorlagen, auszuziehen und zu rubrizieren? Man hoffte spielend über die Templer- und Kreuzzugsfrage, die beide schon entschieden waren, ehe man in die Verhandlungen eintrat, hinwegzugehen und sie zum Abschluß zu bringen, um das Schwergewicht auf die Beratungen über die Reform der kirchlichen Sitten und kirchlichen Freiheit zu legen.

Nun zu Ehrles Einzelgründen.

1. Die Gutachten, die eine Menge Artikel enthielten, die nichts mit der kirchlichen Freiheit zu tun hatten, brauchen deswegen noch nicht über die Templer- und die Kreuzzugsfrage gehandelt zu haben. Das „zweischichtige Thema"¹) der Sittenreform (man denke nur an Durantis Votum) könnte auch allein die übrigen Artikel bequem in Anspruch nehmen.

2. Le Moires Gutachten darf man zum Beweise heranziehen, weil es eine einzigartige Stellung einnimmt. Dieses Gutachten ist sicherlich nicht nur nach der ersten Sitzung verfaßt worden²), sondern jest auch das Resultat der Verhandlung vom Anfang Dezember 1311 voraus, als die Väter des Concils den Templern Gehör und Verteidigung gewähren wollten. Le Moire schrieb es, meiner Meinung nach, erst nach dieser Zeit, um durch seinen Rat den ratlosen Papst aus der Verlegenheit zu ziehen und den Willen Philipps durchsetzen zu helfen. Dieses Gutachten kommt so schon der Zeit nach für die Gutachten, die nach Ehrle rubrizirt worden wären, nicht in Frage.³)

venuques considérables en mesure de fournir les renseignements les plus précis et les avis les plus utiles.

¹) Ehrle, Archiv IV, 433, auch Le Moire schreibt (Mél. hist. II, 476): cum sint infinita adeo, quot eorum nec sit numerorum neque finis.

²) Le Moire schreibt (Mél. hist. II, 472): prout in eum prima sessione exposuit.

³) Le Moire hat den Verhandlungen in Vienne persönlich beigewohnt, also schreibt gegen C. Port (Mél. hist. II, 199) nachgewiesen hat (Archiv IV, 427, Anm. 3). Nach der Dezembervorherablesung 1311

3. Der Bericht Tolomeos beweist nichts. „Einzeln vom Papst befragt," — weiß das nicht auf eine mündliche Abstimmung hin oder wenigstens auf eine, die mit einem Schlage, nicht durch längere Auseinandersetzungen in Gutachten, zum Ziele führte? Daß die Prälaten in den Auszügen wie bei Tolomeo nach Nationen geordnet sind, wird in der That so gewesen sein und nicht erst durch die An-

aber bei er, wie ich vermute, das Concil verlassen. Das geht hervor aus dem Protest, welchen er gegen alle auf dem Concil etwa zu planenden Beeinträchtigungen der „societas gallicana" richtet. Mél. hist. II, 488. 489. Si tractetur vel agatur — schreibt er universis Gallicarum prælatis Viennæ in concilio congregatis quidam eorumvero minimus. Im Betreff der Templerfrage schreibt er in seinem Gutachten (Mél. hist. II, 472): quamvis infirmitas propri¡ corporis qualitasque loci et temporis me graviter afflignetas auferunt opportunitatem deliberandi plenius et studendi circa ea, pro quibus dominus noster, prout in una prima monitione prædicta exposuit, decreverit istud sacrum concilium congregandum, tamen . . . Chrie folgen daraus, diese Klagen über „Wohnung und Witterung" wären auffallend, wenn Le Maire in seinem Palast in Angers schrieb. Viel näher liegt folgendes: Le Maire machte seiner Kränklichkeit wegen das Concil verlassen. Nur schriftlich konnte er so, um sich an den Beratungen nach zu beteiligen, seine Ansichten dem Concil vorlegen. Er bedauert es, daß er infolge von Kränklichkeit und der Beschaffenheit seines Wohnortes — in Angers hat er nicht Gelegenheit, Einsicht in den neuesten Stand der Templerfrage zu thun — und der Zeit — er ist krank und sein Rat muß sofort gegeben werden — sich nicht genauer mit den Fragen beschäftigen kann. Bei dieser Gelegenheit legt er auch, so ungern er es thut, weil berüber so eigentlich nur hintereinstreue und verkundige Männer schreiben sollten (Mél hist. II, 474), seine Meinung über das Kreuzzug dar, der darnach zur Veranstaltung kommen sollte. Schließlich läßt er es sich nicht entgehen, auch einmal kurz über die Reform der Sitten, obgleich er darüber wie die anderen Prälaten schon auf das Einberufungsschreiben hin seines Erachtens eingehandelt hatte, der in der letzten Sitzung mit zur Sprache kommen müsse (Mél. hist. II, 476 circa quae aliqua scripsi, quae videri et legi potuerunt locis et temporibus opportunis), seine Meinung darzulegen.

ordnung in den „Auszügen" bewirkt sein: der Landsmann hält sich gern zum Landsmann.

Hat Chrie recht, so sind uns eine Menge Gutachten über die Templerfrage und die Kreuzzugsangelegenheit sowie die entsprechenden Auszüge des Kardinalskomitees verloren gegangen. Sollte meine Meinung die richtige sein, dann brauchten wir

1. nicht nach den verlorenen Gutachten und deren Auszügen zu suchen, weil überhaupt keine vorhanden waren.
2. Hätten wir uns die Art und Weise der Concilsverhandlungen in der Templersache viel persönlicher, lebhafter, stürmischer zu denken, als sie bei schriftlichen Darlegungen der Väter erfolgt wäre.
3. Wäre es offenbar, daß der Schwerpunkt der Concilsverhandlungen nicht in der Templer- und Kreuzzugsfrage liegen sollte, sondern in der Beschäftigung mit der Reformfrage der kirchlichen Sitten.

Dritter Abschnitt.

Gutachten über die Templerfrage. Die Schreiben von Jacob Dueze und Le Maire.

Zwei Gutachten liegen uns vor, die sich mit der Templerfrage beschäftigen, das eine von Jakob Dueze, Bischof von Avignon, dem späteren Papst Johann XXII., das andere schon erwähnte von Le Maire, Bischof von Angers.

Das Gutachten des Jakob Dueze kennen wir nur aus dem Buche des französischen Abbé V. Verlaque[1]). Verlaque

---

[1]) V. Verlaque, Jean XXII, sa vie et ses oeuvres. Paris 1883, p. 52—54. K. Wenck hat auf dies Buch hingewiesen in Gött. Gel. Anz., 1888, p. 485—487.

teilt folgendes aus dem Gutachten mit: „Nachdem auf Befehl Em. Heiligkeit (schreibt J. Dueze an Clemens V.) die Untersuchungen geführt sind, die ich soeben in einer kurzen Übersicht zusammengefaßt habe, welches Endurteil ist da, namentlich im Hinblick auf die große Verschiedenheit der Meinungen, zu fällen? Denn hier ist die Schuld, dort die Unschuld bewiesen worden. Was anders folgt daraus, als daß man die Erhaltung oder die Aufhebung des Ordens aussprechen kann? In dem letzteren Falle würde der Papst nur Gebrauch machen von einer Gewalt, die ihm seine Würde verleiht. In der That, ebenso wie seine Vorgänger auf dem Stuhle Petri den Bestand dieses Ordens gebilligt haben, ebenso kann er nun seine Aufhebung beschließen. Würde die Aufhebung des Templerordens den Interessen des Glaubens schweren Schaden zufügen? Wir glauben es nicht. Begründet zu dem Zwecke, den Glauben zu beschützen gegen die Angriffe der ungläubigen Völker, hat sich dieser Orden seinem Berufe entfremdet; denn an Stelle der Armut und Niedrigkeit, die seine Glieder auf sich nehmen sollen, haben sie den Stolz und Reichtum gesetzt, die die Hauptursache des Hasses sind, mit dem der Orden verfolgt wird. Die Zustimmung eines Concils in dieser Frage fordern, das würde nur, heiliger Vater, eine Herablassung Eurerseits sein: denn Ihr könnt kraft eigener Machtvollkommenheit die Aufhebung dieses Ordens aussprechen."

Die Worte dieses Jakob Dueze klingen erstaunlich modern. Er sagt nichts davon, ob auch er den Orden für schuldig oder unschuldig halte, er sagt nur, der Orden ist bei den jetzigen Zeiten überflüssig, nützlich wäre es, wenn er fiele. In dieser Hinsicht würden auch wir jetzt die Aufhebung dieses Ordens als einigermaßen berechtigt anerkennen¹).

Berlaque teilt ferner, auf die Bonifazianische Frage be-

---

¹) Delaville le Roulx, Rev. des quest. hist. 48, p. 81.

züglich¹), aus dem Schreiben des Jakob Dueze noch folgendes mit: „Welchen Vorwurf kann man dem Verhalten Bonifaz' VIII. machen? Hat er sich nicht deutlich ausgesprochen, als er auf einem Concil im September 1302 proklamierte, daß die Kirche nur eine sei, die nur einen Leib bilde, die nicht mehrere Häupter haben dürfe, sondern nur eins, welches Jesus Christus sei und sein Stellvertreter? Hat er nicht hinzugefügt: Das Evangelium lehrt uns, daß es zwei Schwerter giebt im Dienste der Kirche, das geistliche und das weltliche? Das erste muß angewandt werden durch die Kirche, das zweite für die Kirche. Die weltliche Macht muß daher der geistlichen gehorchen²). Und deshalb würde die Verurteilung der Thaten Eures erleuchteten Vorgängers die größte Ungerechtigkeit sein: denn es würde der weltlichen Gewalt ein höchst widerwärtiges Übergewicht geben, das den Interessen der Kirche schwere Einbuße bringen würde."

Nützlichkeitsgründe sind es auch hier, die dem Jakob Dueze die Verurteilung des Bonifaz widerraten lassen.

Diese Mitteilungen Berlaques sind, worauf ich hier aufmerksam machen will, so lange mit Vorsicht zu gebrauchen, als sich nicht die Quellen dafür gefunden haben,

---

¹) Um das Schriftstück zu charakterisieren, ist es nötig, daß ich hier auch darauf eingehe. Die Bonifaz. Frage wurde auf dem Concil verhandelt, ohne daß etwas Arges in ihr geschah. Ehrle, Archiv IV, 444—445; V, 581 und Hefele, l. c. VI₂, 531.

²) Jak. Dueze stützt sich, wie man ersieht, auf die eigenen Worte Bonifaz' VIII. in der Bulle Unam sanctam. Merkwürdig finde ich es, wenn Berlaque in einer Anmerkung bemerken will, daß die Bulle Unam sanctam, aus der hier der spätere Johann XXII. des Bonifaz eigene Worte citiert, apokryph sei (n'est qu'un projet de bulle) und zwar deshalb, weil Johann XXII. sie nicht in die Clementinen aufgenommen habe. Berlaque mußte zum mindesten bemerken, daß sich hiernach die Meinung Johanns XXII. über diese Bulle, die er als Bischof von Avignon dem Bonifaz noch zuschrieb, geändert habe.

aus denen sie stammen. Die Handschrift 17522 der Pariser bibl. nat. ms. fonds latin, aus der Berlaque, wie er, l. c. zweimal angiebt, diese Angaben geschöpft haben will, enthält nichts davon, sondern nur die retractatio Johanns XXII[1]. Berlaque danach befragt, weiß jetzt auch nicht, woher er diese Mitteilungen genommen[2]).

Le Maire[3]) giebt auch in der Templerfrage, wie schon erwähnt, ein Urteil ab[4]). Er rät den Vätern des Concils an, die strengsten Maßregeln gegen diesen Orden zu ergreifen. Durch mehr als zweitausend verhörte Zeugen sei die Wahrheit nunmehr völlig erkannt. Es würde der Kirche Gottes und der gesamten Christenheit wunderbar helfen, wenn der Papst jenen verruchten Orden, der den christlichen Namen bei den Ungläubigen geschändet und Gläubige in ihrem Glauben wankend gemacht habe, sofort durch richterliche Entscheidung oder trotz päpstlicher Machtvollkommenheit mit Zurückweisung aller frivolen Verteidigungsgründe gänzlich aufhebe. Seine Güter seien für den apostolischen Stuhl zu konfiszieren.

Das Urteil des Le Maire läßt nichts an Offenheit und Bestimmtheit zu wünschen übrig.

Anfang Dezember hatten die Concilsväter beschlossen, die Templer noch einmal zur Verteidigung zuzulassen. Der Papst befand sich in der allerfatalsten Lage. Trotz aller

[1]) Vergl. Berlaque, l. c. p. 220.
[2]) Siehe unten Exkurs p. 63].
[3]) Das Leben des Le Maire, des Bischofs von Angers, hat V. Hauréau beschrieben, hist. littér. de la Fr. XXXI, 75—94. Sein Gutachten ist gedruckt in Mél. hist. II, 471—488. Desgleichs le Roux schreibt merkwürdigerweise unser Gutachten dem Bischof Durandi von Mende zu, da er die angegebene Anspiele nicht kennt, Rev. des quest. hist. 48, 48, 49. Auch noch F. Morganin, la mer de Rome, Paris 1895, II, 343 meint, es stamme von einem prélat inconnu.
[4]) Mél. hist. II, 472—474.

Bemühungen[1]) hatten die Väter nicht ohne weiteres ihr Ja und Amen zu dem gesagt, was Philipp und er wollten. Durch richterliches Urteil die Templer als schuldig hinstellen und aufheben wäre unter diesen Umständen als große Ungerechtigkeit erschienen. Auf das Verlangen der Väter einzugehen, wäre, nach dem, was König und Papst in dieser Sache bereits gethan hatten, ein großes Wagnis gewesen: wer konnte wissen, zu welchem Resultat man kam? Bis zum 22. März 1312 that Clemens in dieser Sache überhaupt nichts. Er hoffte immer noch die Prälaten durch verlängerte Abwesenheit von ihrer Residenz gefügig zu machen. Er zauderte und zauderte. Da griff Philipp ein. Am 2. März schrieb er an den Papst: Der Orden muß aufgehoben werden[2]). Etwa am 19. März kam er mit seinem Hofe und einem stark bewaffneten Gefolge in Vienne an[3]). Drei Tage später folgte die Entscheidung. „Aus Fürsorge und päpstlicher Machtvollkommenheit", so wie ed ihm Se Maire geraten hatte, nicht aus „richterlicher Entscheidung" sprach der Papst in einem geheimen Konsistorium die Aufhebung des Ordens aus[4]).

[1]) Siehe unt. Exkurs. p. 68.
[2]) Dupuy, Histoire concernant l'histoire de France, servir le condemnation des templiers. Paris 1654, p. 176.
[3]) S. Bend, Göttin. Gel. Anz., 1890, p. 273.
[4]) Döllinger (Das Papsttum. München 1892, p. 91) führt die Worte des Zeitgenossen Walter von Hemingbourgh an, der sagt: „Man kann diese Versammlung gar nicht ein Concilium nennen; denn der Papst that alles aus seinem eigenen Kopf, so daß das Concil weder antworten noch zustimmen" und läßt den Passus: Größer konnte die Ruchlosigkeit des Episkopats, die Herunterwürdigung der Concilien nicht mehr werden.

Vierter Abschnitt.

Kreuzzugsgutachten. Die Kreuzzugsfrage zu Anfang des vierzehnten Jahrhunderts und Clemens V. Die Gutachten von Pierre Dubois, Raymundus Lullus, Marino Sanuto, Jacob von Molay, Fulco von Villaret, von Prinz Haylon, Hayaret, Heinrichs II. von Lusignan, Le Maire.

Die Kreuzzüge sind die eigentümlichste Frucht des mittelalterlichen Geistes. Sie zeigen seinen Höhepunkt, sie zeigen seinen Verfall[1]). Unter Clemens V. war die Zeit der Kreuzzüge im eigentlichen Sinne vorbei[2]). Der Enthusiasmus, der im zwölften Jahrhundert die Herzen für die Befreiung des heiligen Landes entflammt hatte, war erkaltet, eine große Ernüchterung hatte Platz gegriffen. Zwar die Verbindungen mit dem Morgenland hörten auch in unserer Zeit nicht auf[3]), aber statt des Kreuzjahrers war es jetzt der Kaufmann, der Orient und Occident verband[4]), statt der begeisterten Volksmassen, die bereinst aus frommem Eifer freiwillig das Kreuz

---

[1]) J. B. Bumpschulte, Zur Gesch. des Mittelalters. Drei Vorträge S. 1—24, Über Charakter und Entwicklungsgang der Kreuzzüge. Bonn 1864 und H. Reuter, Gesch. der relig. Aufklärung im Mittelalter. Berlin 1877, Bd. II, 24 ff.

[2]) Den Umschwung, der sich vollzogen, charakterisiert treffend Saint-Marc Girardin, Les origines de la question d'Orient, Rev. des deux mond. LI, p. 241—254, s. auch Mas Latrie, hist. de l'Ile de Chypre. Paris 1852—1861, I, 502 ff.

[3]) Delaville le Roulx, la France en Orient au XIVe siècle. Paris 1886, p. 1 ff.

[4]) Mit dem Sultan von Ägypten und Syrien hatte man Handelsverträge abgeschlossen, s. Heyd, Geschichte des Levantehandels im Mittelalter, I, 488, 457, 466—469; II, 41 f. und R. Röhricht, Die Eroberung 'Akkas durch die Muslimen 1291. Forschungen zur deutschen Geschichte, Bd. 20, S. 96, Anm. 1 und G. Sped, Die gegen den Handel der Latinen mit den Sarazenen gerichteten kirchl. und staatl. Gebote. Zittau 1880, S. 14, 19—24.

---

genommen, war es jetzt die römische Kurie allein, die den Kreuzzugsgedanken, einem alten Brauche folgend, der für sie gewinnbringend war, festhielt: die Massen waren nicht mehr dafür zu elektrisieren. Den großen und gewaltigen Ausbrüchen eines Bullans folgen nach kleinere Stöße: wie seine Vorgänger arbeitete auch Clemens V. durch Concilsverhandlungen, Gnadenerlasse, Kreuzzugspredigten an der Verwirklichung des Kreuzzugs[1]). Wohl, es war ohne Zweifel der Herzenswunsch des Papstes, einen großen Kreuzzug zustande zu bringen, psychologisch wenigstens ist dies leicht zu begreifen. Clemens V. sah nämlich immer mehr ein, daß er mit seinem Verbleiben in Frankreich die universale Stellung der Päpste der früheren Zeiten verloren hatte und immer mehr verlor. Nun waren es vor allem die Kreuzzüge gewesen, die der päpstlichen Politik ihren universalen Charakter aufgeprägt und an kräftigsten bethätigt hatten. Was lag näher, als sie wieder zu beleben, zumal in Frankreich, der Heimat jener ritterlichen Begeisterung? Aber wie überall, so war Clemens V. auch in der Kreuzzugsfrage von Philipp, dessen Kreuzzugsbeteuerungen unehrlich gemeint waren[2]), vollständig abhängig.

---

[1]) Auch Johann XXII. machte diese Mode noch mit. In den Mél. d'archéol. et d'hist. XIII (1893) 387 ff. werden uns aus päpstl. Kammerregesten Mitteilungen über die Ausrüstung einer für einen Kreuzzug bestimmten päpstlich-französ. Flotte (1318—1320) gemacht. Die Agitation der Kurie für einen Kreuzzug verstummte erst, als die Türkenkriege an die Stelle der Wiedereroberung des heiligen Landes traten.

[2]) Einst hatte sich Philipp geweigert, etwas für Akka zu thun, er hatte es rubig in die Hände des Feindes fallen lassen. Das Schreiben Nikolaus' IV. bei Raynald, l. c. 1290, § 9. Förderung des Kreuzzugs, die er später an den Tag legte, war nur ein Heiligenschein für seine egoist. Maßregeln (Dubois?); s. auch des Urteil Raulés, franz. Gesch. I, und R. Wendé, Clem. V. x., p. 54, Anm. 1. Daß er in seinem Testament 100000 Livres. Pfund für einen Kreuzzug ausseßte (notic. et extr. des mss. XXe, p. 229 f.) ändert dies Urteil nicht.

wie überall, so fehlte ihm auch hierin Willensstärke, Entschiedenheit im Handeln, Opferfreudigkeit, die alle anderen Interessen diesem großen Unternehmen konsequent und rücksichtslos untergeordnet hätte¹).

Eine neue Art den Kreuzzug zu betreiben bestand darin, daß sich der Papst von Kennern des Orients, die sich ihm gesucht oder ungesucht als Ratgeber darboten, Ratschläge für einen solchen Heereszug aufzeichnen ließ. Der Enthusiasmus der früheren Zeit hatte nicht solch nüchterner Darlegungen bedurft, um zu Thaten zu schreiten²). Wir besitzen mehr als ein solches Gutachten. Obwohl mehrere schon vor der Berufung zum Concil geschrieben sind, müssen wir doch auch auf diese kurz eingehen.

Aus dem Jahre 1305 liegt uns eine Denkschrift von Pierre Dubois⁴) vor „de recuperatione terrae sanctae". Zum Gelingen der endgültigen Besetzung des heiligen Landes

---

¹) Diese Anschauung vertritt in der Hauptsache K. Wenck, Klem. V. ꝛc., S. 51 ff., 57. Ihm stimmen bei K. Müller, Theol. Litt. Zeitung 1882, p. 228—231, W. Gottlob, hist. Jahrbücher der Görresges. VI, 653. Auch Thrie, Archiv V. 144 findet es seltsam, daß Clemens V. das große Legat für den Kreuzzug, das er aussetzte, Archiv V, 15, 26, nicht in die Hände seines Nachfolgers, sondern in die seines Neffen legte. Napoleon Orsini verlangt vom neuen Papste, daß er des Kreuzzugsunternehmens betreibe offenbar opera, non hallaci sermone (bei Sanchez, l. c. p. 187). Des andersstautende Urteil J. Heidemanns, Petre von Abaelé als Kirchenfürst und Staatsmann, Berlin 1875, p. 47, 48; R. Borkmann, Der Kreuzzug Kaiser Heinrichs VII., 1875, p. 9 und Schottmüllers, Der Untergang des Templerordens, Berlin 1887, I₁₈ über die Kreuzzugbestrebungen Clemens' V. beruht auf ungenügender Würdigung der Persönlichkeit Clemens' V.

²) Lecoy de la Marche, la prédication de la croisade au 13ᵉ siècle. Rev. des quest. hist. 48, 5—28.

³) Über seine Persönlichkeit s. de Wailly, mémoires de l'académie des inscr. XVIII₂, p. 435 ff., Boutaric, notic. et extr. des mss. XX₂, p. 166 ff. und Rev. contemp. XXXVIII₂, p. 417 ff., E. Renan, hist.

---

sei es nötig, so legt er dar, die gesamte Kirche von oben bis unten zu reformieren (p. 20, 31, 32). Die Staaten des Papstes will er säkularisiert und einem Fürsten in Erbpacht übergeben sehen (p. 22, 25, 33, 96), den Reichtum und das sonstige Treiben des Klerus und der Mönche beschränkt wissen (p. 22 f., 26 f., 34 f., 82, 85, 116). Nötig wäre es auch, daß die christlichen Völker unter sich in tiefem Frieden leben und eine große Republik bilden (p. 3, 7, 20). Die Streitigkeiten der Zukunft sollten auf einem Kongreß, der sich sofort konstituieren müsse, entschieden werden. Wenn durch solche Maßregeln der europäische Friede gesichert wäre, könnte man die Kräfte Europas völlig auf die Eroberung des heiligen Landes richten. Dubois handelt nun zuerst von der Eroberung des heiligen Landes, danach von der Sicherung des Errungenen. Ein Teil der Einkünfte des Klerus, die Güter der Hospitaliter und Templer, die man in einen Orden vereinigen müsse (p. 13), das Ergebnis der Sammlungen und Almosen in der Christenheit (p. 15, 91), alles solle für den Heereszug ins heilige Land verwendet werden. Um die Fehler der früheren Kreuzzüge zu vermeiden, solle man diesmal mehrere Heere bilden (p. 16, 19). Einen Teil der Truppen solle man den Landweg durch Deutschland, Ungarn nach Konstantinopel wählen lassen, die Engländer, Franzosen, Spanier, Italiener könnten den Seeweg einschlagen. Solle man nur das eroberte Land halten, so müsse man dort europäische Kolonien einrichten (p. 16, 17). Landsleute könnten in ein und derselben Stadt wohnen. Den Ansiedlern der verschiedenen Nationen könnte der Papst zur Vermeidung von Streitigkeiten gleichmäßige Gesetze geben (p. 73). Zur Förderung der Kolonien müßten in Frankreich Seminare

---

littér. de la Fr. XXVI, 471—536 und die Einleitung von Ch. B. Langlois zu seiner Ausgabe von de recuperatione terre sancte, Paris 1891, VI—XXIV.

von Verwaltern und Verwalterinnen eingerichtet werden, in denen Kinder beiderlei Geschlechts, die bestimmt seien, später das heilige Land zu verwalten, erzogen werden sollten (p. 49 ff. 58 ff.). Bei dieser Gelegenheit entwirft Dubois einen vollständigen Lehrplan. In den höheren Klassen, vom zwölften Jahre an, sollen die Knaben vor allem orientalische Sprachen, aber auch Logik, Naturwissenschaften, Psychologie, Astronomie, Ethik, Rhetorik, Politik, Mathematik lernen. Danach könne jeder das werden, wozu er Neigung habe, Jurist, Theologe, Mediziner. Die minder Fähigen könnten Tierarzneikunde, Kriegswissenschaft studieren oder ein Handwerk erlernen. Aber auch die Frauen wollte Dubois für diese große civilisatorische Bewegung heranziehen (p. 51 f., 70). Bestimmte Mädchen solle man im zartesten Alter auswählen und ihnen eine freisinnige Erziehung geben, ihnen lateinische Grammatik, Logik, die Anfangsgründe der Naturgeschichte, Chirurgie, Medizin, orientalische Sprachen lehren. Danach möge man sie nach dem Orient schicken, wo sie sich entweder mit Occidentalen oder mit Eingeborenen, selbst Mohammedanern, verheiraten könnten. Vielleicht könnten sie ihren Gatten belehren. In jedem Falle aber würden sie sich durch Ausübung ihrer Fähigkeiten, besonders durch Ausübung der Heilkunst, bei den Eingeborenen großen Einfluß verschaffen, der zum Vorteil des Glaubens auszuschlagen werde (p. 53, 57)[1].

Dubois war ein begeisterter Parteigänger des französischen Königs. Die Wiedereroberung des heiligen Landes war ihm nur Mittel zum Zweck, ein Aushängeschild, seine Wünsche ohne Gefahr auszusprechen, die auf die erstrebten Vermehrung der königlichen Macht und der Größe Frankreichs.

---

[1] Dubois ist mit seinem Plan, die Orientalen auf friedlichem Wege, durch Belehrung und Bekehrung, zu gewinnen, von Raymundus Lull abhängig, der diese Ideen zuerst ausgesprochen hatte. Solai-Marc Girardin, l. c., p. 52, 53.

Im Gegensatz zu den egoistischen und etwas phantastischen Plänen Dubois' stehen die Ratschläge des Raymundus Lullus, die aus echter Begeisterung hervorgegangen sind[1]. Schon 1287 und 1291 trug er in Rom den Päpsten und den Kardinälen seine Pläne über die Eroberung und Behauptung des heiligen Landes vor[2]. In seinen späteren Schriften wiederholte er dieselben immer und immer wieder, so in seinem Buch „de fine", das er im April 1306 in Montpellier vollendete. Die christlichen Fürsten, so fordert er hier, sollen den Oberbefehl über das Kreuzheer einem selbstgewählten Könige übertragen. Dieser solle einen Admiral zur Überwachung des Meeres aufstellen, Rhodus und Malta wegnehmen und den Sarazenen alle Zufuhr abschneiden. Der Spezerei- und Sklavenhandel, der von „schlechten Christen" mit Syrien und Ägypten betrieben würde, solle bei Strafe der Exkommunikation und des Verlustes der Güter für die Übertreter verboten sein. Spezereien könnte man aus Bagdad und Indien beziehen. Alle, die die Schiffe des Admirals angreifen würden, sollen exkommuniziert werden. Ägypten würde durch diese Maßregel so verarmen, daß es in sechs Jahren leicht von den Christen erobert werden könnte[3].

---

[1] Das Leben dieses „wunderlichen Heiligen" bei Prop. Delisle, hist. littér. de la Fr. XXIX, 1—386; s. auch Saint-Marc Girardin, l. c. p. 47—54.

[2] Prop. Delisle, l. c. p. 13 f.

[3] Leider habe ich das Werk, auf das Prop. Delisle, l. c. p. 337 hinweist, Pacianal, Vindiciae Lullianae, Avign. 1778, l. I nicht bekommen können, ebenso nicht die Ausgabe dieser Schrift von 1885, die Depping, hist. du commerce, Paris 1830, II, 193, Anm. 1 anführt. In der dreibändigen Ausgabe seiner Werke, Mainz 1721, fand ich sie nicht. Kuntzmann, Abhandlungen der hist. Klasse der königl. bayer. Akad. der Wiss. VII. Bd. München 1855, p. 722 f., macht Mitteilungen nach einer Münchener Handschrift. Eine Beurteilung der Vorschläge Lulls werde ich später geben.

In dem Zwischenraum von 1306—1309[1] verfaßte der Venetianer Marino Sanuto der Ältere das erste Buch seiner „secreta fidelium crucis", das für den Kreuzzug begeistern will, und übergab es Clemens V.[2]. Der Verfasser verlangt, daß dem Sultan keine Metalle oder Lebensmittel oder die zum Schiffsbau nötigen Gegenstände, Holz, Eisen, Pech, aus den Ländern der Christen geliefert würden. Verboten müsse ebenso der Handel mit jungen Sklaven werden, da der Sultan zum größten Teil sein Heer aus denselben rekrutiere, mit dem er Ägypten verteidige. Die Übertreter des Verbotes müßten nicht bloß zur See, sondern auch zu Lande verfolgt werden und zwar genau so wie Häretiker, ebenso auch die Begünstiger dieser Übertreter. Mit zehn Galeeren könnte man bis zum Beginn des großen Herrenzuges das Meer bewachen und jegliche Handelsverbindung mit Ägypten hintertreiben. Gott selbst habe, so sagt der Verfasser im letzten Teile seiner Schrift, die Wiedereroberung des heiligen Landes begonnen; denn bereits hätten die Tartaren an dem Sultan und den Saracenen die Grausamkeiten gegen die Christen in Asien und Syrien gerächt. Der Statthalter Gottes solle nun nicht säumen und vor allem Armenien, das von vier

---

[1] Nach Simonsfeld, Neues Archiv der Gesellsch. für alt. deutsche Gesch. VII, 46, 54, entstand zu Marino Sanuto dem Älteren.

[2] Über das Leben Marino Sanutos s. Kunstmann, l. c. p. 697 bis 819 und Saint-Marc Girardin, l. c. p. 54 ff. Sein Hauptwerk „Secreta fidelium crucis" ist gedruckt bei Bongars, Gesta Dei per Francos Hanoviae 1611, II, 22—282. Es besteht aus drei Büchern, die in Zwischenräumen entstanden sind und vom Verfasser später überarbeitet und zu einem Ganzen vereinigt wurden. Das erste Buch bietet, nach Sanuto, die Regimel für die Heilung des Kranken, d. h. das Mittel für die Befreiung des heil. Landes. Das zweite Buch giebt die Heilung, d. h. die vollkommene Besserung. Das dritte Buch lehrt die Erhaltung der Gesundheit, d. h. die Bewahrung des heil. Landes vor den Angriffen der Saracenen (Kunstmann, l. c. p. 795).

Seiten von Feinden bedroht sei, mit seiner Hilfe bedenken, aber auch das bedrohte Cypern und die den Türken bereits tributpflichtigen Inseln Griechenlands nicht vergessen.

Sanuto folgt in seinen Ratschlägen den Forderungen Lulls, der als der erste vollständige Handelssperre mit Ägypten verlangt hatte. Die Gedanken Lulls hat Sanuto auf Grund seiner Kenntnisse des Morgenlandes erweitert und zwar begründet[1]), und zwar entwarf er seinen Plan in der Hauptsache aus politischen und kaufmännischen Rücksichten[2]).

Ungefähr um dieselbe Zeit verfaßten die Meister der Templer und der Johanniter ihre Kreuzzugsgutachten. Jakob von Molay, der Templermeister[3]), legt ungefähr folgendes dar: Ein kleiner Herreszug wäre für die Christenheit nur schädlich, da die frühere Operationsbasis im heiligen Lande, Tripolis und Antiochien, fehle. Schädlich wäre es auch, nach Armenien zu gehen (177), das Land sei ungesund, die Armenier seien feig in der Schlacht und den Lateinern gegenüber argwöhnisch. Papst und Kardinäle müßten so schnell wie möglich mit den europäischen Königen und Fürsten

---

[1]) Ranke, Gesch. der roman. und german. Völk. von 1494—1514. Leipzig 1885, Einl. XXI, nennt Sanutos Darlegungen ein verständiges, über die Verhältnisse des Orients zum Occident in dieser Zeit ohne Zweifel das lehrreichste Buch.

[2]) Saint-Marc Girardin, l. c. p. 57, 58.

[3]) Siehe Wendt, Regression von Preß, Entwickelung und Untergang des Templerordens. Göttingen. Gel. Anz. 1890, p 267 ff. und C. Renan, hist. littér. de la Fr. XXVII, 382—387. Das Schreiben ist gedruckt bei Baluze, l. c. II, 176—180, fälschlich aber von ihm ins Jahr 1311 gesetzt. Wahrscheinlich meinte Baluze, es sei unmittelbar für das Wiener Concil verfaßt. Jedenfalls hat Molay, ebenso wie der Johannitermeister, es vor seiner Gefangensetzung geschrieben, 13. Oktober 1307. Ich vermute, daß Molay sein Schreiben in den letzten Monaten des Jahres 1306 in Paris abgefaßt hat, indem er es von dort aus dem Papst nach Poitiers überschickt hat, [. Baluze p. 179 und den Schluß p. 180, l. aber auch Delaville le Roulx, l. c. p. 65, nt. 2.

ein großes Unternehmen ins Werk setzen (178). Genua, Venedig und andere Seestädte müßten die Schiffe für die Überfahrt stellen. Zwölf- bis fünfzehntausend Reiter, zweitausend Armbrustschützen unter ihnen und fünftausend Fußsoldaten würden seiner Ansicht nach mit Gottes Hilfe imstande sein, das ganze heilige Land zu erobern und für immer festzuhalten (179). Den Ort des Aufbruchs könnten die Könige bestimmen. Das Beste wäre es, in Cypern zu landen und dort sich von den Strapazen der Fahrt zu erholen. Der Landungsort im heiligen Lande müsse, der Sarazenen wegen, geheimgehalten werden. Im Geheimen wolle er dem Papst die geeigneten Landungsplätze mitteilen. Vorteilhaft wäre es jetzt, so schnell wie möglich zehn Galeeren auszurüsten, die Cypern verteidigen und die „schlechten Christen" verhindern könnten, Handel mit den Ungläubigen zu treiben. Das Kommando über diese Galeeren müßte ein Mann bekommen, der nicht zu fürchten hätte, daß sich die Seemächte an seinen weltlichen Gütern rächen würden, wenn er ihnen Schaden zugefügt habe für ihre Übertretungen des Handelsverbotes, es dürfte also kein Templer oder Johanniter sein. Roger, des verstorbenen Königs Roger de Loria Sohn, wäre der geeignete Mann dazu (180). Vorteilhaft wäre es, wenn der Papst, um den für die gesamte Christenheit schädlichen Handel ein für allemal aus der Welt zu schaffen, die päpstlichen Strafen darauf setze und auch nicht, wie es früher geschehen sei, so leicht davon absolviere; denn die Sarazenen würden reich dadurch, da sie den dritten Teil der Güter, die ein- und ausgeführt würden, von den Christen als Zoll verlangten.

Fulco von Villaret, der Johannitermeister[1]), rät

[1]) Dies Gutachten liegt noch ungedruckt im Vatikanischen Archiv. Herr Professor K. Brosch war so freundlich, mir Einblick in seine Abschrift dieses Gutachtens zu gewähren. Vergl. Wendts Angaben in Gött. Gel. Anz. 1890, S. 269.

folgendes an: Der Papst solle überall das Kreuz predigen lassen und große Ablässe gewähren, um die Gemüter des Volkes für den Kreuzzug zu begeistern, und genau den Termin für den Aufbruch angeben. Zum Führer des Zuges müsse der Papst einen Legaten oder Vikar, einen Kardinal oder Prälaten, der verschwiegen sei und größere Liebe für das heilige Land als zu Verwandten und zur Heimat habe, ernennen. Als Ratgeber könnte diesem ein Laie, ein erfahrener Soldat, zur Seite gestellt werden. Bevor der Kreuzzug seinen Anfang nähme, solle der Papst Anordnung treffen, einen kleinen Schatz zu sammeln, ohne den ein solcher Zug nicht unternommen werden könne. Ein Generalconcil für die Beratung zu einem Kreuzzug zu berufen, hält Fulco für schädlich, weil die Kosten, die ein solches verursache, besser für den Kreuzzug verwendet werden könnten. Da sich die Sarazenen, sobald sie merkten, daß ein Kreuzzug im Werke sei, mit Waffen, Eisen, Pech, Holz versehen würden und die „schlechten Christen" ihnen dies, soviel sie nur vermöchten, liefern würden, so müsse man, sobald man anfange, das Kreuz zu predigen, mit Hilfe jenes Schatzes fünfundzwanzig Galeeren durch den König von Cypern im Zusammenwirken mit den beiden Ritterorden gut ausrüsten lassen und allen Handel mit Ägypten sperren.

Die von Sachkenntnis zeugenden Vorschläge der beiden Ordensmeister waren sicherlich in keiner anderen Absicht als aus Eifer für die Sache selbst gegeben. Beide versprechen sich wie die anderen, die wir kennen, den größten Vorteil fürs heilige Land von einer vollständigen Handelssperre mit Ägypten.

Im August 1307 wurde dem Papst die Schrift des ehemaligen armenischen Prinzen, späteren Prämonstratenserpriors Hayton[1]) übergeben, die gleichfalls Ratschläge für

[1]) Über sein Leben s. Baluze Paris, hist. litér. de la Fr. XXV, 487—507. Seine Schrift ist betitelt „über historiarum partium Orientis,

einem Kreuzzug enthält. Seinen Erfahrungen nach wäre die Zeit für ein solches Unternehmen, wenn man die Lage des Feindes betrachte, günstig. Der Sultan von Ägypten und Syrien (c. 50) sei argwöhnisch und furchtsam, weil seine Leute sich wiederholt gegen ihn empörten. Seine Armee bestehe aus Leuten, die aus den verschiedensten Gegenden gesammelt seien, enthalte wenig Fußsoldaten, aber viel Reiter, ungefähr zwanzigtausend. Die meisten seien Leibeigene, von den „schlechten Christen" aus Gewinnsucht an den Sultan verkauft. In Syrien beliefen sich die Streitkräfte des Sultans auf fünftausend Reiter (c. 51), dazu kämen eine große Zahl Türken und Beduinen, die zur Belagerung verwendet würden. Aber auch wenn man die eigene Lage betrachte, erkenne man, daß die Gelegenheit, einen Kreuzzug zu unternehmen, günstig sei (c. 55). Unter allen christlichen Fürsten herrsche Frieden; die Tartaren wären geneigt, den Christen zu Hilfe zu kommen (c. 56). Man brauche nur die Häfen an der Küste zu besetzen, so könnte man die Feinde der nötigsten Dinge, die sie brauchten, berauben, des Holzes, des Peches, des Eisens, der Sklaven. Oder es brauchten nur einmal die Nilwasser nicht zu steigen, so drohe dem ägyptischen Volke eine Hungersnot. Geschähe eins von beiden, wären die Feinde nicht imstande, den heranziehenden Christen Widerstand zu leisten. Hayton rät nun (c. 57) zu einem kleinen Heereszug für den Anfang: tausend Reiter, zehn Galeeren, dreitausend Mann Fußvolk. Auf Cypern oder in Armenien müsse man landen und von da aus im Bunde mit den Tartaren den Feind angreifen. Danach solle ein großer Heereszug (c. 59) in Cypern landen, von da aus sich nach einer Stadt Syriens, die von dem kleinen Heereszug erobert sei, oder nach Armenien

*eius Passagium terrae sanctae. Haytonis ordinis Praemonstratensis autore, scriptus anno 1300. Mir lag ein Druck aus dem Jahre 1529 vor, erschienen in Hagenau bei Renrad Molther.

begeben, um im Frühling auf Jerusalem vorzurücken. Großen Nutzen, damit schließt der Verfasser (c. 60), brächte das Bündnis mit den Tartaren, die den Christen ein Korps von zehntausend Mann und Nahrungsmittel liefern könnten, ferner, wenn man die Rüstungen und Bewegungen geheimhalte.

Hayton war im Orient aufgewachsen, er kannte Land und Leute. Wie kein anderer war er dazu berufen, solche Ratschläge zu erteilen. Ein Heereszug, so wußte er, wäre für sein Vaterland Klein-Armenien von Nutzen gewesen. Keiner ist so voll guter Zuversicht für das Gelingen des Zuges wie er (c. 55).

Die Gutachten, die wir im folgenden betrachten, sind nach der Berufungsbulle und ausdrücklich für die Kreuzzugsverhandlungen auf dem Concil verfaßt.

Der Kanzler Nogaret[1]), von dem wir ein solches Gutachten besitzen, wünscht folgendes gethan zu sehen: Unterbrüdung des „Greuels" der Templer, die schuld daran wären, daß die Unternehmungen der früheren Zeit fehlgeschlagen seien. Der Aufbruch möge vorher genau bestimmt werden (p. 200), um bis dahin Schiffe, Waffen, Pferde beschaffen zu können. Die katholischen Fürsten müßten untereinander Frieden schließen. Das Unternehmen sei schwierig: die Saracenen seien in den Waffen geübter als die Christen, außerdem fehle dem Christen jetzt die Operationsbasis im heiligen Lande, die sie früher an Syrien, Akko, Tripolis u. s. w. hatten, ferner wären die christlichen Soldaten so anspruchsvoll geworden, daß man jetzt kaum hundert Soldaten für den Lohn halten könne, für den man früher zweihundert haben konnte. Dennoch solle man den Kreuzzug unternehmen. Habe man das heilige

---

[1]) Das Leben Nogarets hat E. Renan beschrieben, hist. littér. de la Fr. XXVII, 233—371, 1. auch Boutier, hist. génér. de Languedoc (1885) X, st. XI. Sein Gutachten hat E. Boutaric abgedruckt, notic. et extraits des mss. XX₂, 199—205.

Land erobert, so müsse man, um es festzuhalten (p. 201), für Leute sorgen, die es verteidigen und bewohnen und zu dem Zwecke Geldmittel auch noch für die Zeit von zehn oder zwanzig Jahren nach dem Kreuzzuge sammeln (p. 202). Die bekäme man, wenn man alle Güter der Templer, nachdem ihr Orden verurteilt sei, dazu verwende — vorläufig könne man sie dem König zur Deckung des Kreuzzuges übergeben —, ebenso die Einkünfte der Johanniter und deutschen Ritter, die dieselben für ihre Bedürfnisse nicht nötig hätten, die Zehnten der ärmeren Kirchen und das Doppelte der reichen Kirchen (p. 204). Außerdem müßte man Ablaß gewähren und überall das Kreuz predigen lassen, die Tartaren und Griechen zur Unterstützung des heiligen Landes heranziehen und Venedig, Genua, Pisa abhalten, Gottes Sache nicht mehr durch ihren Handel zu hindern, sondern zu unterstützen.

Dieselbe Heuchelei, die wir in Dubois' Vorschlägen wahrnahmen, erkennen wir auch hier bei seinem Gesinnungsgenossen Nogaret[1]), nicht den Vorteil des heiligen Landes hatte er bei seinem Plane im Auge, sondern die Bereicherung seines Königs.

Raymundus Lullus, den wir bereits kennen, begnügte sich nicht mit den einmaligen schriftlichen Darlegungen seiner Pläne: 1309 suchte er Clemens V. persönlich in Avignon auf[2]), wie den König Philipp in Paris, um sie für seine Vorschläge zu gewinnen. Außerdem hatte er im März dieses Jahres eine Schrift abgefaßt und an den Papst gerichtet: liber de acquisitione Terrae sanctae[3]): Es sei nicht schwer, so sagt er ungefähr, Herr des Meeres zu werden, da die christlichen Fürsten mehr Galeeren besäßen als die Sarazenen an den Küsten der Feinde zu landen und ihre Städte zu

[1]) Delavilie le Roulx, l. c. p. 60, 61.
[2]) L. Delisle, l. c. p. 35, 42.
[3]) L. Delisle, l. c. p. 342 |., Kaufmann, l. c. p. 724.

berauben und zu verbrennen. Die Expedition müsse von Konstantinopel ausgehen, die Verwüstung Syriens ihr Ziel sein. Sei Syrien verwüstet, dann müsse sich auch Ägypten unterwerfen. Zu derselben Zeit müssen im Abendland Granada, Ceuta, die Reiche von Marokko, Tunis u. s. w. genommen werden, um bis an die Grenzen von Ägypten vorzubringen. Darnach komme es darauf an, die Ungläubigen zu bekehren. Zu diesem Zwecke müsse man ihre Sprache lernen und zwar müßten in Rom, Paris, Toledo Klöster gegründet werden, in denen die orientalischen Sprachen gelehrt würden. Auf diese Weise sei die Bekehrung der Ungläubigen nicht schwierig.

Auch der König von Cypern, Heinrich II. von Lusignan[3]), hatte dem Concil ein Gutachten zugehen lassen. Auch er verlangt strenge Handelsverbote gegen die „schlechten Christen", die den Sarazenen Bewaffnete, Holzwerk, Eisen, Pech, Lebensmittel lieferten. Eine genügende Menge Galeeren, die beständig an den Küsten Ägyptens und Syriens streuen müßten, könnten diesen Verkehr hindern. Der Kommandant dieser Fahrzeuge müßte ein Mann sein, der die Seemächte, vor allem Venedig, Pisa, Genua, nicht zu fürchten habe. Zwanzig oder auch fünfzehn Galeeren mit Besatzung, die der König stellen wolle, vor allem müßten es Schleuderschützen sein, würden bis zum allgemeinen Aufbruch genügen. Beim allgemeinen Heerszuge wäre es das Vorteilhafteste, zuerst in Cypern zu landen. Dort könnten sich Menschen und Pferde von den Strapazen der Seefahrt erholen. Von Cypern müsse man sich dann direkt nach Ägypten wenden, nicht nach Ar-

[1]) Das Gutachten ist bei Mas Latrie, l. c. II, 118—125 abgedruckt, f. auch E. Renan, hist. littér. de la Fr. XXVII, 389 f. Schon 1293 war Heinrich II. angeblicherweise gegen Ägypten vorgegangen, freilich ohne Erfolg, da seine Macht zu gering war, s. A. Jorga, Philipp de Mézières 1327—1405 et la croisade au XIV siècle. Paris 1896, p. 34.

menien, noch nach Syrien, noch anderswohin. Bis zum Ausbruch des großen Zuges solle man immer im voraus Waffen und Pferde nach Cypern schicken, weil es danach wahrscheinlich an Schiffen fehlen würde. Das Gutachten schließt mit den Worten: Der König bittet zu Gott, daß er Euch, heiliger Vater, und dem heiligen Concil das Richtige erkennen lasse, damit es zur Ausbreitung und zum Ruhme des katholischen Glaubens diene[1].

Daß der König von Cypern für das Zustandekommen der Handelssperre mit den Sarazenen und des Heereszuges also begeistert war und andere zu begeistern suchte, geschah nicht ganz ohne selbstische Interessen: dadurch wäre die Zahl der Kauffahrer, die mit Cypern als dem letzten christlichen Lande in Verkehr traten, vermehrt worden[2].

Lullus, der eifrigste unter allen denen, die Vorschläge machten, begab sich im Oktober 1311 nach Vienne[3], da er vom Concil Verwirklichung seiner Forderungen hoffte. Seiner Ankunft ging ein von ihm verfaßtes feuriges Gedicht voraus, das die Versammlung mit heiligem Eifer für die Bekehrung der Ungläubigen erfüllen sollte[4]. Zugleich überreichte er dem Concil eine Schrift, die dasselbe verfolgte wie das Ge-

---

[1] Das Gutachten des Benedikt Zaccaria, des Mas Latrie, l. c. II, 129 nach im Auszug vorführt, ist kein Kreuzzugsgutachten für das Concil von Vienne, wie er sowohl, wie E. Renan meint, hist. littér. de la Fr. XXVII, 391. Boutaric hat dies Gutachten, das in französischer Sprache geschrieben ist, vollständig veröffentlicht, not. et extr. XX, 112—119, und da ersieht man, daß Zaccaria in diesem Schreiben dem König Philipp Mittel angiebt, wie man eine Flotte und ein Heer für eine Heeresfahrt nach England ausrüsten solle. Nach Boutaric, l. c. p. 112 ist das Schreiben 1295 verfaßt, hat also auch der Zeit nach nichts mit dem Concil von Vienne zu thun.

[2] Haupt, l. c. II, 3 und E. Speck, l. c. p. 29.

[3] L. Delisle, l. c. p. 45—47.

[4] L. Delisle, l. c. p. 270.

dicht[1]. Wie schon früher verlangt er auch hier, der Papst möge drei Kollegien für den Unterricht in den semitischen Sprachen in Rom, in Paris, in Toledo einrichten, um darin Missionare für die Ungläubigen auszubilden. Ferner solle er alle militärischen Orden unter ein Haupt vereinigen und durch dieselben Konstantinopel und Ceuta erobern lassen. Wer von den Fürsten den Papst nicht für den Kreuzzug unterstützen würde, dem solle er exkommunizieren. Einen Teil aller Pfründen sowie die Hinterlassenschaft aller Bischöfe, die sterben, solle der Papst auch für den Kreuzzug verwenden. Den Luxus in der Kleidung, wie überhaupt alle überflüssige Geldausgaben müsse er einschränken.

Lulls Darlegungen entstammen einer echten und rechten Begeisterung für das heilige Land. Er war der erste, der das heilige Land nicht mehr allein durch gewaltthätige Eroberung wie in der früheren Zeit, sondern auch durch die Waffen der Wissenschaft, durch Bekehrung der Ungläubigen der Christenheit zurückgewinnen wollte. Mit erstaunlicher Beharrlichkeit vertrat er diese Idee und widmete ihr sein Leben. Man hat ihn „das bedeutendste Talent und die originellste Persönlichkeit, welche das christliche Spanien überhaupt im Mittelalter hervorgebracht hat, den Ignatius Loyola des Mittelalters" genannt[2].

Betrachten wir endlich noch, was Le Maire im zweiten Teile seines Gutachtens (p. 474—476) über den Kreuzzug sagt. Er halte die Zeit für einen Kreuzzug nicht für geeignet, da die Christen zu viel sündigten und Zwiespalt und Neid unter ihnen herrsche. Er wolle trotzdem zu dem Unternehmen ermuntern, da das Volk hierfür manche Opfer bringe und

---

[1] Sie ist betitelt petitio in concilio generali. s. L. Delisle, l. c. p. 3401. und Bulaeus, hist. univers. Paris 1668, p. 1411.

[2] E. Gothein, Ignatius von Loyola und die Gegenreformation. Halle 1895, S. 28.

dem Papste die Sache sehr am Herzen liege. Er halte es für gut, einen Termin festzusetzen, etwa zehn oder zwölf Jahre, nach deren Verlauf der Kreuzzug unternommen werden solle. In der Zwischenzeit solle in der Christenheit das Kreuz gepredigt werden und denen, die es nehmen, großer Ablaß gewährt werden. Die Domänen der Templer, die die Kirche in Hinsicht auf die Befreiung des heiligen Landes konfisziert habe, sollen durch Kleriker, ohne Einmischung weltlicher Fürsten, verwaltet werden. Die Almosen, die für den Kreuzzug gespendet werden, müßten in den zehn oder zwölf Jahren der Vorbereitung zu den Renten der Templer gethan werden. Außerdem müßte während dieser Zeit der zwanzigste Teil der Einkünfte der Kirche für diesen Zweck zurückgelegt werden. Papst und König müßten sich dann freilich verpflichten, während dieser Zeit der Kirche oder den Klerikern keine weiteren Abgaben aufzulegen. Beides könne die Kirche nicht tragen. Schließlich müßte jeder Prälat verpflichtet werden, auf das alle Jahre abzuhaltende Provinzialconcil alles mitzubringen, was für den Kreuzzug eingegangen sei. In der Kathedralkirche dieser Provinz solle dieser Schatz dann aufbewahrt werden.

Le Maires Vorschläge sind allgemeiner Art. Er verzichtet darauf, die Art und Weise der Ausführung des Zuges im einzelnen vorzuschreiben, da er die Verhältnisse des Orients nicht aus eigener Erfahrung kannte; nur Mittel giebt er an, die das Zustandekommen des Unternehmens ermöglichen.

Das sind, soweit ich sehe, die und bekannten Kreuzzugsgutachten, die unter dem Pontifikate Clemens' V. und für die Wienner Concilsverhandlungen verfaßt und eingereicht wurden. Sie fordern fast alle vollständige Handelssperre zwischen Christen und Saracenen und versprechen sich davon den größten Nutzen für das Kreuzzugsunternehmen. Welchen Erfolg sie hatten, werden wir weiter unten sehen.

Fünfter Abschnitt.

Reformvorschläge für die kirchlichen Sitten und die kirchliche Freiheit. Die Vorschläge Le Maires, Durantis, Agidius' Colonna, Jakobs de Thermis.

Vorschläge für die Reform der kirchlichen Sitten und der kirchlichen Freiheit, der dritten und vierten Aufgabe der Concilverhandlungen, waren auf das Verlangen des Papstes in großer Anzahl eingegangen. Nur ein Teil der daraus angefertigten Auszüge ist uns erhalten, die vollständigen Gutachten sind nicht mehr vorhanden, abgesehen von dem Schreiben des Le Maire, Durantis des Jüngeren, des Agidius von Rom und des Jakob von Thermis. Schauen wir sie und näher an.

Le Maire behandelt im dritten Teile seiner Schrift (p. 478—486) die Reform der kirchlichen Sitten[1]. Er richtet sich zunächst gegen den Mißbrauch der Feiertage. Jahrmärkte, Messen und Prozesse müßten an solchen Tagen verboten werden. Jetzt seien diese Tage anstatt Gott dem Teufel geweiht. Die Kirchen stünden an ihnen leer, die Kneipen dagegen wären überfüllt. Statt Beten höre man Fluchen. Beseitigt müsse auch der Mißbrauch der Exkommunikationen werden. Nur für ein todeswürdiges Verbrechen, nicht mehr um geringfügiger Ursachen willen oder gar ohne Grund und nur vom Bischof, dessen Schwert diese Strafe sei, nicht aber auch von niederen Geistlichen dürfe die Exkommunikation ver-

---

[1] Viele der Mißbräuche, die Le Maire hier rügt, werden, abgesehen von dem Tadel der römischen Kurie, bereits in den Synodalbeschlüssen gerügt, die Nikolaus Gilbert, der Vorgänger Le Maires, wie Le Maire selbst erlassen hatten und die Le Maire sammelte und publizierte (bei d'Achery, apostiagium, nova collectio veterum scriptorum. Paris 1723 I, 725—747, f. auch M. Dansan, bist. littér. de la Fr. XX, 39—43 und C. Haureau, hist. littér. de la Fr. XXXI, 92—94).

hängt werden. Bisweilen könne man jetzt in einer Parochie dreihundert oder vierhundert, um nicht zu sagen siebenhundert Gebannte finden. Die Menge habe sich unter solchen Umständen an die ungeheuerliche Menge von Bannsprüchen gewöhnt, verachte sie und stoße Beleidigungen gegen die Kirche aus. Dadurch werde der Nerv der Kirche, die Zucht, gelockert und unzählige seien durch solchen Mißbrauch des Bannes schon in die Hölle gestoßen worden. Reformiert werden müßten auch die Priesterwahlen, die jetzt zu leichtsinnig vorgenommen würden. Unwissenschaftliche und zuchtlose Laien dürften nicht zu Priestern ernannt werden. Solche Geistliche würden vom Volk oft mehr verachtet als Juden. Um das Leben der Mönche zu bessern, müßte bestimmt werden, daß dieselben immer im Kloster bleiben müßten, nicht in der Welt umherschweifen und in weltliche Geschäfte sich einlassen dürften. Die kleineren Priorate auf dem Lande, in denen oft nur zwei oder drei Mönche wie zügellose Pferde lebten, müßten unterdrückt und mit dem Kloster vereinigt werden, in dem solch ungeordnetes Leben unmöglich wäre. Die Exemtionen der Mönche müßten eingeschränkt werden. Im Vertrauen auf dieselben würden die Mönche frech und hochmütig, griffen anmaßend in die Gerichtsbarkeit der Pfarrer ein, ließen Exkommunizierte zu den Sakramenten zu, segneten verbotene Ehen ein, unterschlügen die Zehnten, leisteten ihren Prälaten sogar bewaffneten Widerstand. Am römischen Hof sei vor allen Dingen der Mißbrauch zu tadeln, daß derselbe alle freistehenden Würden und Ämter irgend einer bischöflichen Kirche vor der Zeit besetze und fremden Klerikern von schlechtem Rufe übertrage. Er kenne eine Kathedralkirche, die nur dreißig Pfründen habe, in der seit den dreißig Jahren, in denen der Bischof diese Kirche regiere, fünfundreißig oder mehr frei gewesen seien, und nur zwei habe dieser übertragen können, so daß noch jetzt in dieser Kirche Anwärter vorhanden wären.

So käme es, daß der Bischof brave und wissenschaftliche Kleriker der Heimat nicht mit Benefizien unterstützen könne. Solche Männer gingen dann, ihrer Hoffnung beraubt, entweder eine Ehe ein, trieben weltliche Geschäfte, würden Ratgeber der Fürsten und meist die größten Feinde der Kirche. Es dürfe nicht mehr vorkommen, daß untaugliche Personen von fremdländischer Sprache und barbarischer Nation an einer Kirche Priester würden, deren Krusifix sie in ihrem Leben niemals gesehen hätten und sähen. Zu tadeln wäre es auch, daß die römische Kurie soviel kirchliche Ämter auf einen Kopf anhäufe. Oft könnte man mit den Benefizien, die jetzt ein einziger inne habe, fünfzig bis sechzig tüchtige Leute unterstützen und studieren lassen. Sorge müßte dafür getragen werden, daß die Herzen der Kleriker von der Geldliebe und der Bestechlichkeit frei würden, wie von den Ausschreitungen in Gewändern und Speisen, wie ihrem ganzen Auftreten. Schweres Ärgernis für das Volk gebe auch die Unaufmerksamkeit und Teilnahmslosigkeit der Kleriker während des Gottesdienstes. Die meisten Kleriker kämen überhaupt nicht zu den Horen, oft seien auf dem Chor nur zwei oder drei. Andere kämen erst beim Segen, um das tägliche Stipendium noch in Empfang zu nehmen. Andere seien zwar da, trieben aber während des Gottesdienstes allerlei Allotria. Für alle einzelnen Mißbräuche der Kirche ein Heilmittel anzugeben, sei just unmöglich. Helfen würde es für die Gegenwart, wenn „Haupt und Glieder der Kirche" die Aussprüche der heiligen Väter und die Beschlüsse der drei ersten Concilien hielten.

Ein energischer Mann tritt uns in Le Maire entgegen, dem es ernst ist um die Reform der kirchlichen Mißbräuche. „Der Eifer um das Haus Gottes und zugleich die Liebe zu Christo und seinem apostolischen Auftrag habe ihn dazu getrieben, mit rauhem und wahrhaftigem Griffel zu schreiben," jagt er selbst¹). Le Maire ist Gallikaner. Mit scharfen Worten protestierte er dagegen, etwa auf dem Wiener Concil die gallikanische Kirche tributpflichtig zu machen²). Als Bischof von Angers hielt er sich mehr am Hofe des Königs als in seiner Diöcese Angers auf³). Trotzdem bekennt sich Le Maire als gehorsamen Sohn des Papstes und des Concils, in allem dem katholischen Glauben, welchen die heilige römische Kirche habe, lehre und predige, usque ad sanguinem beistimmend⁴).

Ausführlicher als Le Maire behandelt Duranti der Jüngere, Bischof von Mende⁵) die Reformfrage⁶). Da er den Befehl dazu erhalten habe, sagt er im Eingang seiner Schrift, so wolle er das, was an „Haupt und Gliedern" der Kirche reformbedürftig wäre, darstellen und zwar mit aller Rücksicht, um nicht hochmütig zu erscheinen.

Papst und König, durch die das Menschengeschlecht regiert

---

¹) Mdl. hist. II, 479.
²) Mdl. hist. II, 468 f.
³) B. Hauriau, hist. littér. de la Fr. XXXI, 83.
⁴) Mdl. hist. II, 477.
⁵) Über das Leben Durantis s. Extras.
⁶) Der Traktat Durantis lag mir in einer Pariser Ausgabe von 1671 vor: „tractatus de modo generalis concilii celebrandi per Gullielmum Durandum episcopum Mimatensem juxta Clementis quinti summi Pontificis edita et consilio Viennensi oblata. Paris apud Fr. Clousier 1671, p. 1—354. Der Traktat zerfällt in drei Teile: pars I, 5 tit., p. 1—46; pars II, 72 tit., p. 47—239; pars III, 53 tit., p. 240 bis 354. Ich werde nach Teilen und Titeln citiren. Der Traktat enthält eine große Menge von Concilsbeschlüssen und Aussprüchen der Väter. Duranti führt sie an, womit die Kirche das vor demselben Gebotene wiederum erfülle, das Verbotene aber wiederum unterlasse (Vorrede zum zweiten Teil). 1545 gab Philippus Probus den Traktat des Duranti bei Gelegenheit der Berufung des Tridenter Concils heraus und widmete ihn Paul III. und allen für Verbesserung der Sitten eifernden Prälaten. Er nennt den Traktat ein opus plane aureum et divinum — dignum, quod omnium lectura manibus.

---

würde, seien Diener Gottes. In ihrer Regierungsweise müßten sie dem ähnlich werden, von dem ihre Macht stamme. Ihr Beispiel und ihr Leben müßte auf andere einwirken, nicht aber dürften sie immer neue Erlasse geben, müßten vielmehr das alte usque ad animam et sanguinem festhalten und nach ihm leben. So müßte die römische Kirche vor allem die Beschlüsse der vier ersten ökumenischen Concile, auf denen das gesamte Glaubensgebäude beruhe, bewahren und nach ihnen leben. Die weltlichen Fürsten aber müßten auch für ihre Person nach den Gesetzen leben, die sie erließen; das sei eine Pflicht der Gerechtigkeit, pars I tit. 2; III, 31¹). Heilsam wäre es für die Allgemeinheit, wenn überhaupt die Machtbefugnis von Papst und weltlichen Fürsten eingeschränkt würde; der Papst dürfte nichts ohne den bestimmten Rat der Kardinäle, die weltlichen Fürsten nichts ohne die Zustimmung erprobter Männer erlassen, was den Concilien oder dem gemeinen Recht widerspräche; denn das, was alle angehe, müsse auch von allen gemeinsam anerkannt werden. Die Inhaber der geistlichen und weltlichen Gewalt seien Menschen und könnten daher leicht irren, I, 3²).

Was die weltlichen Fürsten anlange, so müßten sie in Zukunft wohlgesinnt Recht und Gerechtigkeit ausüben, ihre Untergebenen nach geschriebenen Rechte regieren, III, 24, nur zuverlässige und rechtserfahrene Notare anstellen, nicht die Münzen zum Nachteil der anderen ändern³), nicht zulassen,

---

¹) Die Thomistische Schule hatte nachgewiesen versucht, daß die Fürsten für ihre Person zwar unter den Naturgesetzen, aber über den positiven Gesetzen ständen. Scaduto, Stato e Chiesa. Firenze 1882, p. 41.
²) Duranti will einen konstitutionellen Souverän haben. Nach Bauman, Die Staatslehre des hell. Thomas von Aquino. Leipzig 1873, p. 12 und 138 würde sich auch Thomas mit unserer konstitutionellen Regierungsform befreunden.
³) Gerade darüber klagt Dubois besonders de abbrev. bl. 32, de recup. t. s. e. 81 und 135.

daß die Unterthanen durch falsche Maße und Gewichte betrogen würden, II, 70, nicht allzu sehr der Jagd obliegen, II, 51 und die übertriebenen Ausstattungen bei Heiraten verbieten, da dadurch viele Eltern verarmten, III, 24. Vor allen Dingen aber dürften die Fürsten nicht Rechte der Kirche schmälern, nicht Schenkungen, die der Kirche gemacht würden, ihr streitig machen, nicht gewaltsam Herberge von den Kirchen und Klöstern für sich und ihre Leute verlangen, als wäre das ihr Recht, nicht Verträge brechen, die sie mit der Kirche eingegangen, II, 67. Ausführlich wolle er nicht über die Macht der weltlichen Fürsten innerhalb der Kirche und über die kirchlichen Personen und Güter und umgekehrt, reden, weil darüber der scharfsinnige Ägidius, der Bischof von Bourges, in vorzüglicher Weise geschrieben habe, III, 3 und 26 ¹), aber darauf wolle er hinweisen, wie die weltlichen Herren jetzt gleichsam wie durch eine Hochflut die Macht der Kirche allmählich an sich rissen. Wie der Wolf das Lamm allmählich auffresse, so würden von ihnen die kirchlichen Jurisdiktionen allmählich verschlungen, besonders soweit sie sich auf weltliches Gebiet erstreckten. Duranti zählt fünfzig Übergriffe und Beschwerden hierfür auf²), II, 70. Nach der Konstantinischen Schenkung sei der Papst nicht nur Herr über alle Bischöfe und Geistliche, sondern auch über die ganze Welt. Vorteilhaft wäre es, wenn man den weltlichen Fürsten einmal zu Gemüte führte, worauf sich in geistlichen und weltlichen

¹) Gemeint ist des Ägidius Schrift de potestate ecclesiastica, den Papst gewidmet, die die gleichen Anschauungen wie die Bulle Unam sanctam enthält; f. Hist. Lajard, Gilles de Rome, hist. litter. de la Fr. XXX, 543 ff.

²) Ebrle giebt hierzu wertvolle Mitteilungen, Archiv IV, 464 ff. Interessant ist es, die Aussprüche der weltlichen Macht auf die Jurisdiktion zu vergleichen, wie sie namentlich Dubois fordert; f. de aberr. fol. 39 bei Bargeois p. 74, Nou. 1 und de recup. t. s. p. 74—78. 80, f. auch Benverie, la France etc. p. 69 ff.

Dingen der Primat der römischen Kirche nach der ihr verliehenen Macht erstrecke, damit sie einsähen, daß ihnen kein Unrecht geschähe, wenn die Kirche in weltliche Angelegenheiten eingriffe, II, 9. Regierten Könige und Fürsten gerecht, dann müßte auch für sie in allen Kirchen besonders gebetet werden, II, 6, und die Unterthanen müßten ihnen treu und gehorsam sein, alle Empörer aber, gleichviel ob Laien oder Kleriker, bestraft werden, II, 71; III, 2.

Vieles möchte Duranti an Papst und Kurie reformiert wissen. Nutzbringend und wirksam für die Reform der gesamten Kirche wäre es, wenn man beim Haupt und der Richterin aller Kirchen, deren Herr, wenn er rechtgläubig sei, von niemandem gerichtet werden könne, zu reformieren anfange. Die römische Kirche sei das Haupt aller Kirchen, weil der Herr ihr den Vorsitz des Petrus verliehen habe, wie auch die Autorität höher Concile ihr eine einzigartige Macht über die Kirchen gegeben habe, III, 1. Ehe die römische Kirche ihre Macht über die anderen Kirchen ausübe, müßte sie zuerst sich selber reformieren, III, 27. Was die Person des Papstes anlange, so dürfe er sich nur „Bischof des ersten Bischofssitzes" nennen, II, 34; III, 27, nicht „Fürst der Priester", „oberster Priester", „Herr der Gesamtkirche". Schon Gregor I. und andere Päpste auch hätten ihm hätten dies verboten, weil dieser Titel von Eitelkeit zeuge, den anderen Bischöfen, die als die Nachfolger der Apostel gleiche Macht und Ehre wie Petrus von Gott empfangen hätten, die schuldige Ehre entzöge und böses Blut mache¹). Ein bekanntes Sprichwort sage, wer alles habe wolle, verliere alles. Die römische Kirche eigne sich alles an, darum fürchte er, daß sie alles verliere, wie man es an den Griechen ersehen könne, die aus diesem Grunde der römischen Kirche den Gehorsam verweigerten, II, 7. Auch

¹) III, 49 schreibt Duranti: Cyprianus „papa".

der Papst sei für seine Person verpflichtet, die Gesetze zu halten, durch die das Menschengeschlecht regiert werde; er habe nicht das Recht, Privilegien, Indulgenzen, Exekutionen zu gewähren und sie dann zu widerrufen, wie überhaupt bewährtere Verordnungen seiner Vorgänger oder auch eigene Erlasse zu widerrufen, da dies die Ehre der Kirche sehr beeinträchtige, II, 20; III, 27. Verordnungen, die das Wohl der Gesamtkirche beträfen, dürften nur auf einem Generalconcil erlassen werden, II, 61, 68, und zwar müsse dies von zehn zu zehn Jahren berufen werden, III, 17, 27. So müßte der Erlaß Bonifaz' VIII., die Ehe der Kleriker betreffend, für nichtig erklärt werden, da Bonifaz ihn ohne die Ermächtigung eines Generalconcils gegeben habe¹). Nötig sei es dann, daß die römische Kirche nicht nur mit Worten, sondern auch in der That jede Art von Simonie und schimpfliche und unehrbare Gewinnsucht von sich abwehre, die an der Kurie so offen geschähe, als wäre dies keine Sünde. Alle Forderungen, die Papst und Kardinäle bei Beförderungen der Geistlichen unter allerlei geschickten Wendungen verlangten, müßten wegfallen. Beseitigt werden müsse es auch, daß die Kardinäle gewissermaßen Handel mit Benefizien trieben und Benefizien für sich, sogar oft außerhalb des Reiches, dessen Sprache sie nicht verstünden, anhäuften zum Schaden der Kirche und ihrer eigenen Seele, II, 2, 20, 21. Man müßte auf irgend eine Weise aus den überschüssigen Gütern der Kirche für ihren Unterhalt sorgen, etwa indem man Gütergemeinschaft im Kardinalskollegium, wie sie in der ersten Christenheit bestand, einführte, so daß sie ohne den Schimpf und Makel der Tagen ehrbar leben könnten, II, 20; III, 27¹). Ernster müsse die Kurie auch die Besetzung der Ämter nehmen. Oft seien wohlunterrichtete und wohlverdiente Doctores ohne Stelle, weil die Kurie allerlei schlechte und untaugliche Leute, Verwandte und Befreundete des Papstes oder der Kardinäle, über die Köpfe der Bischöfe weg, deren Rechtsgewalt sie damit vernichte, in die Stellen einsetze, II, 7; III, 27. Wegfallen müßte es auch, daß die römische Kurie oder ihre Legaten für die kleinsten Vergehen den Bann aussprüchen, II, 38²), daß sie die Leute sogleich nach Rom citiere und dort festhalte, statt die Streitigkeiten in der Diözese vom Bischof entscheiden zu lassen, III, 27, daß oft Prozesse an der Kurie über drei Jahre hingezogen würden, so daß es an der Kurie sozusagen „unsterbliche" Streitfälle gäbe, II, 31; III, 27, wegfallen auch, daß Personen, die das öffentliche Recht übertraten oder kirchliche Personen beleidigt hätten, auf leichte Weise Verzeihung erlangten, besonders die „schlechten Christen", die wider das apostolische Verbot den Sarazenen Waffen und andere Dinge lieferten und die nach dem Gesetz exkommuniziert werden und ihre Güter verlieren müßten. Gerade diejenigen würden gleichsam für nichts an der römischen Kurie absolviert zum Verderben des heiligen Landes und zur Schmach der römischen

---

¹) Scaduto, l. c. p. 43 f. weiß darauf hin, daß Durandi damit nicht Kommunalismus im modernen Sinne wolle, sondern nur einen festen Gehalt für die Kardinäle. Nach Duboid hatte diesen Vorschlag schon gemacht, auch für den Papst verlangt er ein bestimmtes Einkommen, das fixiert werden müsse, de recup. l. a. p. 33 f.

²) Nicht nur Er Maior, l. ob. p. 96, auch Duboid do recup. l. a. p. 8 klagt über diesen Mißbrauch des Bannes, und Senato beschwert sich (epistolae, apud Bongars, II, 310), daß etwa die Hälfte der Christen exkommuniziert sei, darunter die angesehnsten Diener der Kirche.

Kurie und der ganzen Christenheit, II, 61. Abgeschafft müßte auch der schimpfliche Mißbrauch werden, der mit dem Ablaß getrieben würde. Da das Volk schon für eine kleine Münze Absolution erlangen könne, so verachte es die kirchlichen Strafen des Pfarres und scheue sich nicht, Gottesdienst und Predigt zu versäumen und zu sündigen, III, 15. Hinfort dürften auch keine öffentlichen Bordelle mehr in der Nähe des päpstlichen Palastes oder der Behausungen anderer Prälaten geduldet werden, noch dürften der päpstliche Hausmarschall und ähnliche Leute Abgaben wie bisher von den Buhldirnen und Kupplern beziehen, II, 10[1]). Heilsam wäre es, wenn die Kardinäle, wegen der Gefahr zu sinnlichen Ausschweifungen, ihr Amt nicht vor dem dreißigsten Jahre erlangen dürften, II, 13, und die Bestimmung erlassen würde, stände in Zukunft die römische Kirche wieder länger als drei Monate frei und die Kardinäle hätten sich noch zu keiner Neuwahl entschlossen, so müßte man ihnen das Wahlrecht entziehen und solches an etliche Erzbischöfe, Bischöfe und andere geeignete Männer übertragen, III, 27[2]).

Über die Bischöfe und Geistlichen sagt er folgendes.

[1]) Noch Janserray VI. verbot die Erhebung einer Abgabe von öffentlichen Mädchen. J. B. Schwab, Gerson. Würzburg 1858, p. 17.

[2]) Schon Humbert de Romanis, der für das Generalconcil zu Lyon 1274 einen ähnlichen Traktat einreichte, wie Durandi, hatte den Vorschlag gemacht, durch Hinzuziehung anderer päpstlicher Beamten zum Wahlkolleg die Macht der Kardinäle zu beschränken und eine Beschleunigung der Wahl herbeizuführen, bei C. Brown, pars III. c. 2. Das naturalose opus tripartitum nämlich in fasciculus, rer. expetandar. et fugiend. ed. E. Brown, Lond. 1690, t. II, 185—229, ist identisch mit dem Traktat Humberts, wie ihn Mabillon veröffentlicht hat, bei Martene, veterum scriptor. et monum. t. VII, 174—188. Durandi 1783. Erstres ist nur, abgesehen von c. XI, pars III, das sich bei Mabillon ausführlicher findet, weitschweifiger, ohne im Inhalt dadurch etwas zu verändern. Viele Mißbräuche, die Durandi rügt, hat bereits Humbert getadelt.

Alle Apostel hätten vom Herrn die Binde- und Lösegewalt und damit die gleiche Ehre und Macht empfangen wie Petrus. Sie selbst wären es gewesen, die den Petrus zum Haupte sich erwählt hätten. Die Bischöfe seien die Nachfolger der Apostel. Der Papst dürfe sich darum nicht zu sehr über die Bischöfe erheben, nicht in ihre Jurisdiktion eingreifen oder die zugehörigen Pfründen verteilen, aber auch nicht die Kardinäle, die nicht Nachfolger der Apostel seien, den Bischöfen vorziehen, I, 4; II, 7 u. 17. Die Angelegenheiten der Diözese müßten auf einem Provinzialconcil verhandelt werden, das zweimal im Jahre abgehalten werden müßte. Nur die wichtigsten Dinge brauchte man nach Rom zu berichten, II, 11. Auch die Anklagen gegen einen Bischof könnten dort verhandelt werden, II, 1, 31, nur würdige Leute aber dürften zugelassen werden, Zeugnis wider den Bischof abzulegen, nicht Schauspieler, Häretiker, Heiden, Juden. An der Kurie brauchte man das nicht, II, 24, 31; III, 14. Mehrere Episkopate könnten ihrer großen Armut wegen, durch die sie verächtlich würden, in eins vereinigt werden. In Sizilien z. B. gäbe es Bischöfe, die sich oft kaum ein Pferd und einen Diener halten könnten, II, 7, 38. Außerhalb ihres Gebietes dürften sich die Bischöfe nicht aufhalten, etwa an Fürstenhöfen, um dort Besitzungen zu erwerben, II, 8, 10, 17, noch mit Hilfe der weltlichen Gewalt ihre Kirche regieren. Vergreife sich ein Fürst oder ein Mächtiger an einem Bischof und beraube ihn seines Sitzes, ohne daß dieser Bischof von der Kirche verurteilt sei, so müsse dieser Fürst mit seinen Helfershelfern mit dem Bann belegt werden und sein Vermögen der Kirche zufallen, II, 3. Nur für eine Todsünde, nicht um geringfügiger Dinge willen, dürfe ein Bischof den Bann verhängen. Diese Strafe sei das Schwert des Bischofs. Haue man mit demselben allzu oft und planlos um sich, so werde es stumpf und breche ab, II, 38. Alle Jahre müßte der Bischof einmal seine Diözese visitieren, ohne die Kirchen dabei zu bedrücken, II, 66, kirchliche Güter und Ämter soll er gerecht verteilen, II, 49, aller Verschwendung in Kleidung, Wohnung und Speisen sich enthalten, II, 51, die Armen und Kranken durch die Presbyter und Diakonen versorgen lassen, II, 38; III, 18, die Aussätzigen streng von den anderen absondern und pflegen lassen, III, 17, Kranken-, Waisen-, Siechenhäuser und Herbergen errichten lassen und die schon bestehenden unterstützen, II, 38, zur Zeit der Ölbereitung und an den hohen Festen an seiner Kirche anwesend sein, II, 54, seinen Bischofssitz dürfe er nicht aus Ehrgeiz von einem unbekannten Ort an einen berühmten verlegen, für alle geschäftlichen Schreibereien und Verwaltung des Kirchenvermögens soll er Verwalter und Advokaten anstellen, II, 24. Vorteilhaft wäre es endlich, wenn er von dem zehnten Teil aller Benefizien an den Kathedral- und Taufkirchen der Diözese Lehrer anstellte, die arme Scholaren umsonst unterrichteten. Diese Scholaren könnten einst als berühmte Doctores ihrer Kirche von größtem Nutzen sein, II, 38. Keiner endlich dürfe, etwa durch königliche Gunst, Bischof werden, der nicht Doktor der Theologie oder des Rechtes sei, II, 18.

Auch die Geistlichen bedürfen nach Duranti dringend der Reform. Diakonen dürften nicht vor dem fünfundzwanzigsten Jahr, Presbyter nicht vor dem dreißigsten Jahr wegen der Gefahr zu sinnlichen Ausschweifungen ordiniert werden, II, 13, Leute aus einer anderen Diözese nicht gewählt werden, wenn geeignete Leute aus der eigenen Diözese vorhanden wären, II, 15. Vor allen Dingen möchte Concil und Väter dafür sorgen, daß man bei der Wahl eines Geistlichen genauer als bisher verfahre, II, 18. Im schärfsten richtet sich Duranti gegen die Laster der Habsucht, des Hochmuts, der Verschwendungssucht, der Unsittlichkeit, des Neides, der Leidenschaftlichkeit, der Unwissenheit, die unter den Klerikern herrschten. Sorge das Concil nicht für ordentliche Heilmittel gegen diese sieben Hauptsünden, so ginge das religiöse Leben der Kleriker völlig zu Grunde. Das aber würde dann dem Papst, seinem Kollegium und diesem Concil, das die Pflicht und die Macht hätte, diese Sünden zu reformieren, zur Schuld angerechnet werden, III, 32. Um der Habsucht der Geistlichen zu steuern, müßte man es ihnen verbieten, für kirchliche Handlungen Geld zu nehmen, II, 60, Almosen zu veruntreuen, die Gastfreundschaft zu unterlassen, den Kultus zu vermindern. Die Unsitte freilich, sich für alles Geld geben zu lassen, herrsche auch an der römischen Kurie; allgemein sage man, in der römischen Kirche seien alle, vom Höchsten bis zum Niedersten, der Habsucht ergeben. Unbedingt müsse darum das Concil für ein Heilmittel gegen dieses Laster sorgen, III, 33. Heilsam wäre es für diesen Zweck, wenn die Geistlichen von der Kirche einen genügenden Gehalt empfingen. Genüge der nicht, müßten sie sich, wie die Apostel es gethan hätten, durch ein Handwerk oder durch Ackerbau, ohne dadurch natürlich ihr Amt zu vernachlässigen, ernähren, II, 8. Der Hochmut unter den Geistlichen würde vor allem dadurch gemehrt, daß es jetzt möglich sei, sich ein Amt zu erkaufen, und daß Neulinge in hohe Stellen kommen könnten, die auf einmal Lehrer seien, ohne Schüler gewesen zu sein. Dieser Hochmut trage auch die Schuld daran, daß man die Untergebenen für geringe Vergehen mit großer Strenge behandele. Man wolle eben über die Untergebenen herrschen, nicht für ihr Bestes Sorge tragen. Wie gegen den Hochmut, so müsse auch das Concil gegen die Ausschweifungen der Kleriker in Kleidung, Waffen und Pferden einschreiten, II, 18; III, 34. Aufhören müsse auch die Schlemmerei der Kleriker. Trunksucht und Gefräßigkeit herrschten jetzt unter den Geistlichen. Man müßte die Bestimmung erlassen, daß bei Tische nicht mehr als drei Gerichte aufgetragen werden dürften und die nicht in zu großen Mengen, III, 36. Um unziemende Gespräche bei Tische zu unterdrücken, müßten Abschnitte aus der heiligen Schrift dazwischen hinein vorgelesen werden, III, 5. Streng müßten wieder die Fastengebote eingehalten werden, II, 58, Bruderschaften, in denen sich die Kleriker toll und voll äßen und tränken, müßten aufgehoben werden. Ihre Einnahmen können den Armen gegeben werden oder zu Ehren der Heiligen dieser Brüderschaft verwendet werden, II, 35. Kein Wunder, daß bei solcher Schlemmerei auch Wollust und Unsittlichkeit unter den Geistlichen herrsche. Schon aus der Nachbarschaft von Bauch und Genitalien könne man die Zusammengehörigkeit der Laster erkennen, III, 36. Um Besserung der Sittlichkeit herbeizuführen, müsse das Zusammenwohnen der Kleriker mit Frauen, es sei denn Schwester oder Mutter, aufhören II, 10; III, 35. Frauen dürften auch nicht mehr die ganze Nacht in der Kirche oder im Cömeterium wachen, weil sie unter dem Vorwande, zu beten, heimlich Verbrechen begingen, II, 56. Die Priester dürften auch nicht mehr fremden Hochzeiten oder schamlosen Theaterstücken beiwohnen, nicht Kneipen besuchen, noch weniger selber eine solche betreiben, II, 32. Notorische Ehebrecher und Ehebrecherinnen müßten beim Gottesdienst gemieden werden, ehebrecherische Kleriker abgesetzt und für ihr ganzes Leben in ein Kloster gesteckt werden, II, 59. Nach einem Erlaß des Concils von Toledo, der in Vergessenheit geraten wäre, fordert Duranti, daß jedes Kind eines Priesters, vom Bischof herab bis zu den untersten Diakonen, nicht nur nichts erben dürfe, sondern auch zum Leibeigenen der Kirche, zu der sein Vater gehöre, bestimmt werde. Der Vater selbst müsse mit einer kanonischen Strafe belegt werden, II, 7. Andererseits schlägt auch Duranti vor, um dem unsittlichen Treiben der Kleriker ein Ende zu machen, den Priestern zu gestatten, in die Ehe zu treten, zumal da das Gebot des Cölibats in der apostolischen Zeit nicht vorhanden gewesen sei und auch die orientalische Kirche es nicht habe, II, 40[1]). Die schlimmste Sünde, die unter Klerikern herrschen könne, sei die des Neides. Kaum gäbe es jetzt ein Kollegium, in dem nicht dieser Sünde wegen Spaltungen vorhanden wären, III, 37. Um die Leidenschaftlichkeit der Kleriker einzudämmen, schlägt Duranti vor, diejenigen, die absichtlich einen Mord begangen hätten und im Vertrauen auf die kirchliche Immunität in eine Kirche sich geflüchtet hätten, vom Altar wegzureißen und zum Tode zu verurteilen. Das wäre das heilsamste Mittel gegen alle Schandthaten und Sünden der Kleriker, III, 38. Scharf geht Duranti auch vor gegen die Bildungslosigkeit der Kleriker. Die Mutter aller Irrtümer sei die Unwissenheit, II, 18; III, 4. Bei den Priestern dürfte sie vor allem nicht gefunden werden, da diese ja das Amt hätten, das Volk zu belehren, III, 39. Fünf Heilmittel giebt Duranti an gegen die Unwissenheit der Kleriker. Man müßte nur gelehrte und pflichtgetreue Leute zu Prälaten befördern, III, 40. Die Presbyter müßten wiederum bei ihrer Ordination vom Bischof ein Buch erhalten, in dem alle ihre Amtspflichten, die sie wissen müßten, verzeichnet ständen. Sehr heilsam wäre es, wenn ein solches Buch, leicht und faßlich geschrieben, zusammengestellt würde, durch das jedem Priester genaue Belehrung über Beichthören, Bußenauferlegen, Sakramentsverwaltung, Seelsorge zu teil würde. Kein Geistlicher dürfte angestellt werden, der nicht wenigstens in diesen Dingen unterrichtet wäre, III, 41. Heilsam wäre es auch, wenn an jeder Kathedralkirche und anderen Kirchen Lehrer angestellt und von der Kirche unterhalten würden, die armen Klerikern und Laien dieser Diöcese,

---

[1]) Dubois ist gleichfalls ein Gegner des Cölibats, de abrev. bel. 29 bei Langlois p. 51, Anm. 1 und de recup. t. s. p. 85.

um ihnen das Studium zu ermöglichen, im Singen, Lesen, Schreiben, Grammatik und Logik umsonst Unterricht erteilen. Kinder, die von ihren Eltern schon in früher Jugend zum Geistlichen bestimmt seien, könnten dann unter der Aufsicht eines erprobten und gelehrten Greises zusammen erzogen werden. Hätten solche Zöglinge bis zum achtzehnten Jahre unter kirchlicher Zucht gelebt und seien also unterrichtet, so könnten die gelehrtesten unter ihnen für den Metropolitanstand oder zu Lehrern der heiligen Schrift und des Rechtes bestimmt werden und von dort an die Generalstudien kommen. Auch von den Benefizien, von denen jetzt mancher in ungehöriger Weise so viel für sich angehäuft hätte, daß davon bequem zwanzig und bisweilen auch fünfzig und noch mehr Scholaren auf der Schule unterhalten werden könnten, müßten arme Scholaren unterstützt werden, ebenso wie von dem überschüssigen Einkommen reicher Parochialkirchen. Diese Scholaren müßten sich dafür verpflichten, der Kirche und der Diözese, die sie habe studieren lassen, ihre Dienste zu weihen, III, 42, 43. Durch solche Leute könnte im Laufe der Zeit Leben und Lehre der Gesamtkirche reformiert werden, zumal wenn man sie bei Besetzung der Pfründen bevorzuge. Kein Kleriker dürfe die erste Tonsur erhalten, der nicht genügend lesen und singen könne, keiner dürfe zu den niederern Weihen zugelassen werden, der nicht so viel habe, um davon leben zu können, oder in der Schreibkunst oder in einem ehrbaren Handwerk, das ihn ernähren könne, bewandert sei. Würde dies streng befolgt, so würden alle Kleriker sich die nötigen Kenntnisse erwerben und ihre Eltern und Verwandte wären besser auf ihre Ausbildung bedacht, III, 44. Da endlich die vielen verschiedenen Bücher und Glossen das Studium in den einzelnen Fakultäten hinderten und Unwissenheit herbeiführten, müßten verschiedene Lehrer aus jeder Fakultät ernannt werden, die alles Notwendige in ein Kompendium zusammenzögen, das der Papst dann bestätigen müsse. Diese Bücher könnten sich Scholaren und Lehrer anschaffen und dadurch in fünf Jahren mehr lernen, als jetzt in zehn. Überhaupt müsse das Leben und das Studium der Scholaren reformiert werden. Unwissend verließen sie jetzt die Universität. Manche würden Lehrer, die oft selbst nicht die Bücher, in denen sie andere unterrichten sollen, gelesen hätten. Nützlich wäre es auch, die Bestimmung zu erlassen, daß die Geschäfte der Generalconcilien an den einzelnen Universitäten und in allen Kathedral- und Kollegialkirchen vorhanden wären, damit alle, die Verlangen danach trügen, Gelegenheit zum Studium derselben hätten und daß das Gleiche mit den Bußcanones und anderen für die Seelsorge nützlichen Büchern und Schriften geschehe, III, 45. An dem Verfall der Seelsorge, auf die Duranti dann zu sprechen kommt, sei vor allem die römische Kurie schuld. Sie müsse davon abstehen, die Wahlen an sich bringen zu wollen, ihre schädlichen und frivolen Appellationen beseitigen, durch die oft eine Kirche jahrelang verwaist bastehe. Länger als drei Monate dürfte keine Kirche ohne Pfarrer gelassen werden, III, 46. Die römische Kurie dürfte auch nicht Leuten eine Menge Benefizien zusprechen, ohne daß diese verpflichtet wären, eine genügend lange Zeit persönlich sich in dieser Gemeinde aufzuhalten, oder Prälaten ohne zwingenden Grund lange an der römischen Kurie festhalten, III, 47, dürfte nicht offenkundig untauglichen Leuten Benefizien und Prälaturen übertragen, III, 48; schädlich für die Seelsorge sei es auch, daß man öffentliche Sünder entweder gar nicht oder in ungenügender Weise bestrafe. Dadurch würden bloß Sünder groß gezogen, III, 49. Aber auch die Kleriker selbst seien schuld an dem Verfall der Seelsorge. Vor lauter weltlichen Geschäften hätten sie keine Zeit mehr, ihren eigentlichen Beruf zu erfüllen. Wenige Prälaten nur wohnten dem Gottesdienst mit Andacht und ohne andere Dinge während dieser Zeit zu treiben bei, III, 50; während des Gottesdienstes unterhielten sie sich oder schliefen oder gingen durch die Kirche, um bei ihren Stipendien nicht betrogen zu werden. Andere Kleriker hielten kaum viermal im Jahre Messe. Man müßte die Verordnung erlassen, daß nur diejenigen ihr tägliches Stipendium bekämen, die anwesend seien, das Stipendium der fehlenden aber müßte unter die Anwesenden verteilt werden. Von solchen Betragen der Kleriker käme auch die Mißachtung der Messe seitens der Fürsten und Laien. Es käme vor, daß Fürsten während einer Messe Audienz gewährten oder andere Dinge trieben. Manche Laien wieder kämen erst bei der Elevation und verschwänden dann schnell wieder aus der Kirche. Man müßte diejenigen, die den Gottesdienst vor der Beendigung verließen, exkommunizieren, III, 51, 52. Man müßte auch darauf sehen, daß Sonn- und Feiertage strenger gehalten würden als jetzt. Gericht würde da abgehalten, Landarbeiten verrichtet, Handel getrieben. Oft würde an diesen Tagen mehr gesündigt als in der ganzen Woche, III, 53. Ferner müßte bestimmt werden, daß in allen Parochialkirchen zu den bestimmten Stunden Gottesdienst gehalten würde und deutlich und verständlich dabei gesprochen und genau so, wie ihn die römische Kirche feiere. Das wäre besonders für die Kleriker nützlich, die an jeder Kirche dann Gottesdienst halten könnten, wenn sie einmal in der gottesdienstlichen Ordnung gründlich unterrichtet seien, III, 54—56. Abgeholfen werden müsse dem Mangel an priesterlichen Gewändern, an Ministranten, Büchern, Geräten, der in manchen Parochialkirchen herrsche, III, 58. Verboten müsse es auch werden, daß, wie es in manchen Kirchen vorkomme, die Reliquien der Heiligen, Kreuze, Weihrauchfässer von Laien getragen würden, III, 59. Sorge müsse getragen werden, daß die Prälaten die Kirchen reparieren ließen,

III, 60, ihre kirchlichen Rechte gegen allerlei weltliche Übergriffe verteidigen, III, 61, die kirchlichen Einkünfte für die Armen gehörig verwenden und nicht für allerlei unnötigen Luxus, III, 62, 63. Einschreiten müsse man gegen Würfel- und Kartenspiele, gegen Turniere und Zweikämpfe und denen, die in diesem Kampfe gefallen wären, ein kirchliches Begräbnis versagen, II, 63.

Duranti kommt auch auf die Nonnen und Mönche zu sprechen. Die Nonnen dürften nicht mit Frauen aus dem Laienstande oder mit Männern zusammen in einem Hause wohnen, auch dürften in Zukunft nicht mehr in die betreffenden Häuser aufgenommen werden, als dort unterhalten werden könnten, II, 25. Für die Mönche müßte man die Bestimmung erlassen, daß sie nicht ohne einen Brief ihres Abtes oder Bischofes das Kloster verlassen und umherschweifen dürften und sich in allerlei weltliche Geschäfte oder in die der Geistlichen einmischen, II, 53. Nur sittenreine und hierzu geeignete Mönche dürften zu Geistlichen befördert werden, und zwar habe dies der Bischof unter Zustimmung des Abtes zu bestimmen II, 53; III, 16. Von den Bettelmönchen redet Duranti wohlwollend. Verboten werden müßte es ihnen freilich, daß sie Exkommunizierte wieder in die kirchliche Gemeinschaft aufnähmen und so bewirkten, daß man die Exkommunikation gering achte, II, 28; III, 16, ebenso daß sie sich in ihren Studien nicht mehr allerlei Kuriositäten und eitlen Erörterungen widmeten, die der Kirche nur Schaden brächten. Man müßte in der Gesamtkirche für ihren Unterhalt Sorge tragen. Vor allen Dingen will Duranti durchgesetzt wissen, daß die Klöster dem Bischof unterstellt würden, der sie jährlich visitieren und reformieren könne, II, 53. Ausführlich richtet er sich eine Angriffe gegen die Eremitinnen[1]. Früher können sie nützlich gewesen sein, sagt er, jetzt seien

---

[1] Bal Bulaeus, l. c. IV, 130 angieht, ist nicht ein Referat aus einem besonderen Traktate des Duranti, wie Felix Bourret hier lieut.

sie es nicht mehr, und der Papst müsse sie darum widerrufen. Sie schadeten sowohl der bischöflichen Macht als auch denen, die sie erhalten hätten. Den Bischöfen werde nämlich infolge der Exemtionen der Gehorsam und die schuldige Ehrfurcht verweigert, weil die Laien und weltlichen Herren glaubten, dasselbe thun zu dürfen, wie die Mönche, die den Bischöfen Gehorsam und Ehrerbietung versagten. Wer aber die Bischöfe, die Nachfolger der Apostel, verachte, verachte Gott, der sie eingesetzt habe, und werde ohne Zweifel auch von ihm verachtet. Die Exemtionen untergrüben aber auch die Zucht und die gute Sitte unter den Mönchen. Der Bischof dürfe die Mönche für ihr lasterhaftes Leben nicht bestrafen. Die Äbte und Prioren unterliessen oft die Bestrafung. Der Papst sei zu weit entfernt, um das arge Treiben der Mönche verbieten zu können. So würden die Mönche leichtfertig. Das ändere sich nur, wenn die Bischöfe die Strafgewalt über die Mönche wiedererhielten, l. 5.

Ich schliesse gleich hieran die Darlegungen des Ägidius Columna oder Colonna von Rom und des Jacobus de Thermis über die Exemtionen[1]).

Ägidius[2]), der in seiner Eigenschaft als Erzbischof von Bourges auf dem Concil von Vienne anwesend war, sagt in seinem Traktat ungefähr folgendes: Zu welchen Missbräuchen die Exemtionen geführt hätten, könne man an

d. l. Fr. XXX, 547 in seinem Artikel über Gilles de Rome zu verwerten scheint, sondern nur ein Passus aus dem Traktate de modo generalis concilii celebrandi.

[1]) Über die Exemtionen wurde auf dem Concil viel verhandelt. Joh. v. St. Victor bei Balure, l. c. l, 18 und Thomas von Walsingham bei Baluze, l. c. l, 597 f.; auch aus dem verlornen Gutachten erfahren wir es, s. Ehrle, Archiv IV, 368.

[2]) Sein Leben hat Felix Lajard beschrieben, hist. littér. de la Fr. XXX, 421—566. Daselbst ist auch sein Traktat „contra exemptos" glizzieri p. 543—547.

den Exzessen und Vergehungen der Templer ersehen. Wenn die Templer nicht von der gewöhnlichen Jurisdiktion befreit gewesen wären, wenn ihr Bischof über die Art ihrer Bekenntnisses, das unter den Mitgliedern des Ordens geheim gehalten wurde, unterrichtet gewesen wäre, so wären sie nicht in solchen Unglauben versunken. Aber auch bei den Ordensgeistlichen habe die Exemtion zu ärgerlichen Resultaten geführt. Diese verachteten nämlich in Vertrauen auf die Exemtion die Prälaten, betrachteten sie wie ihre Untergebenen, scheuten sich nicht, Kleriker und Laien zu insultieren, und benähmen sich nicht wie Geistliche, sondern wie Weltleute. Der Verfasser kommt zu dem Schluss, dass der Papst die Kirche so regieren müsse, wie Gott die Welt regiere, nämlich durch die Vermittelung seiner Beamten. Darum müssten die Exemtionen beseitigt werden.

Als Verteidiger der Exemtionen trat der Cisterzienserabt Jakob de Thermis gegen Ägidius auf[1]). Um der Mönche willen müsse man die Exemtionen festhalten, die dadurch den mannigfachsten Bedrückungen ihrer geistlichen Vorgesetzten enthoben seien und ihr Gelübde der Armut, Keuschheit und des Gehorsams erfüllen könnten und der Wissenschaft fleissig obliegen. Aber auch die Macht des Papstes über alle anderen Prälaten könnte durch sie zur Geltung. Die Exemten seien gewissermassen die Nerven, die den Leib der Kirche mit dem Haupte, dem Papste, verknüpften. Ohne die Exemten könnten

[1]) Über sein Leben s. B. Hauréau in Nouvelle Biographie Générale t. XXVI. Sein Traktat bei Raynald, l. c. ad ann. 1312, § 24. Auf den anderen Traktat des Jacobus brauchen wir nicht näher einzugehen, da er nichts ist als eine Wiederholung und weitere Ausführung des eben besprochenen. Im Mittelpunkt seiner Darlegungen steht der Satz: Vom Papst kommt alle Macht in der Kirche. Er hat ein Recht, in jede einzelne Diözese einzugreifen, da er der unmittelbare Pastor jedes einzelnen Christen ist. Nichts beweist dies seine Nachstellung mehr als die Exemtionen. Der Papst würde sich nur schädigen, wenn er sie beseitigte, s. Haureu, histoire archivant. XIX, p. 195. Brüssell. 1718.

sich die Bischöfe viel leichter von der päpstlichen Jurisdiktion freimachen und ein Schisma bilden. Die Gründe des Ägidius gegen die Exemtion seien nicht stichhaltig. Durch Aufhebung der Exemtionen würde der Papst sich und der gesamten Kirche nur Schaden bringen.

Das sind, soviel ich sehe, die uns vollständig erhaltenen Reformvorschläge. Es sind die typischen pia desideria, die fast auf jedem Provinzialconcil des 13. und 14. Jahrhunderts vorgebracht werden. Nur in größerem Umfang und mit größerer Kühnheit werden die Forderungen hier erhoben. Die Anschauungen des Duranti freilich über Papst und Concil sind neu. Wir werden sie in der Folgezeit wiedertreffen, noch klarer durchdacht und schärfer begründet. Auch der Ruf „Reform der Kirche an Haupt und Gliedern", der und aus dem Gutachten des Le Maire und des Duranti schon entgegenklingt, sollte die Losung der Zukunft werden. Bischöfe waren es, die diese Forderung aufstellten. Nicht nur die zwei, die wir kennen, thaten es, eine große Menge Bischöfe erhoben, wie wir aus den erhaltenen Auszügen erkennen, ihre Stimme. Warum hat man sie auf dem Concil nicht gehört und ist zu energischen Reformen geschritten? Clemens V. wollte es nicht, hätte es auch gar nicht vermocht. Philipps Ehrgeiz war auf andere Dinge gerichtet, als auf Besserung der kirchlichen Zustände. So fehlte auf dem Concil von Vienne die Macht, die die bischöflichen Reformvorschläge in Thaten umsetzte. Welche Hoffnungen wird man noch den vielen Vorarbeiten auf das Concil gesetzt haben und wie kläglich sollten sie vernichtet werden! Hundert Jahre später sehen wir wieder die Bischöfe, die „Reform der Kirche an Haupt und Gliedern" forderten und in Angriff nahmen. Da waren sie nicht mehr allein in ihren Bestrebungen. Die weltliche Macht stand hinter ihnen. Das Papsttum ward auf die Seite gedrängt, und die schlimmsten Schäden konnten beseitigt werden.

Sechster Abschnitt.
Resultat der Concilsverhandlungen.

Ich fasse zusammen. Wir sahen, wie auf dem Concil die Templerfrage, die Kreuzzugsangelegenheit, die Reform der kirchlichen Sitten und Mißbräuche verhandelt wurden. Achtet man auf die stattliche Zahl der Reformgutachten, die aus allen christlichen Ländern eingegangen waren[1]), auf die ernste und eingehende Berücksichtigung, die man den Beschwerden der Prälaten widmete[2]), auf die Darlegungen Le Maires und Durantis, auf den Inhalt der erlassenen Concilsdekrete, die wir noch einsehen werden, so wird man zu der Erkenntnis kommen, daß der Hauptzweck, den das Concil verfolgte, entschieden der war, eine Reform in kirchlichen Dingen herbeizuführen. Auch das fünfzehnte allgemeine Concil zu Vienne 1311/12 ist als ein Reformconcil zu betrachten, das, im Unterschied von den Reformconcilien des folgenden Jahrhunderts, unter französischem Einfluß und unter päpstlicher Leitung stand.

Was war nun die Frucht der einzelnen Concilsverhandlungen?

Am 22. März 1312 ward der Templerorden, nachdem man seit dem 16. Oktober 1311 darüber debattiert hatte, in geheimer Sitzung aufgehoben. In der zweiten öffentlichen Sitzung am 3. April 1312 verkündigte der Papst offiziell die Aufhebung des Templerordens[3]). Die Güter der Templer wurden durch Beschluß vom 2. Mai den Hospitalitern über-

---
[1]) S. Ehrle, Archiv IV, 368—399.
[2]) S. Ehrle, Archiv IV, 396—417.
[3]) Contin. Guill. Nang. ed. H. Géraud I, 389 und Ehrle, Archiv V, 576—578.

geben. In der dritten öffentlichen Sitzung, am 6. Mai 1312, teilte Clemens noch einmal das Resultat der Verhandlungen in der Templerfrage mit, nannte die Templer, die er seinem eigenen Urteil reserviert wissen wollte, und empfahl, mit Milde gegen die anderen Templer vorzugehen¹).

Die Beratungen über den Kreuzzug kamen in der zweiten öffentlichen Sitzung zur Sprache²). In Gegenwart des Königs und seines Gefolges verkündigte Clemens der Versammlung, daß in allernächster Zeit ein Kreuzzug unternommen werden könne, besonders da Philipp versprochen habe, binnen Jahresfrist mit seinen Söhnen, Brüdern und vielen Edlen des Reiches das Kreuz zu nehmen und innerhalb der nächsten sechs Jahre nach dem heiligen Lande sich einzuschiffen. Werde der König ernstlich an seinem Vorhaben verhindert, dann würde sein Sohn an seiner Statt den Kreuzzug ausführen. Zu diesem Zweck hätte man dem König den Zehnten auf sechs Jahre bewilligt. Das Schreiben, das Philipps Versprechen enthielt, wurde vorgelesen. Papst und Concil lobten die Absicht Philipps, und die Versammlung war mit der Gewährung des Zehnten einverstanden. In der dritten Sitzung endlich tat der Papst kund, daß man bereits begonnen habe, den Kreuzzug ins Werk zu setzen, da er überallhin Briefe und Bullen zur Einlieferung des bewilligten Zehnten erlassen habe³). Ein Kreuzzug freilich kam trotz aller Gutachten, Versprechungen, Bemühungen nicht zu stande: die weltlichen Fürsten hielten nicht, was sie versprochen⁴).

In der Reformfrage erreichte man nicht viel mehr als in der Kreuzzugsangelegenheit. Eine Anzahl Dekrete wurden

¹) Reg. Clem. V. t. VII, 7885, 7886, 7952, 8784.
²) S. Contin. Guill. Nang. I, 389 und Wyck, Archiv V, 579 bis 581.
³) Reg. Clem. V. t. VII, 8781—8783.
⁴) Reg. Clem. V. t. VIII, 8964.

erlassen, die zum kleinsten Teil auf die gerügten Mißbräuche innerhalb der Kirche eingingen¹):

Die Irrtümer und Wirren innerhalb des Franziskanerordens wurden beseitigt. Hierauf brauche ich hier nicht näher einzugehen (s. Clerf. Arch. I—IV).

Die gegenseitigen Rechte und Pflichten zwischen Bischöfen und Klöstern und Mönchen und Pfarrern werden fixiert (Clementin lib. 3 tit. 6 und 7; lib. 5 tit. 6 und 7).

Dekrete zur Reform des Mönchstums und der Nonnenklöster, die vom Bischof alljährlich visitiert werden sollen, werden erlassen (lib. 3 tit. 9 und 10).

Die Lebensweise der Beghinen wird verboten. Ihre Hauptirrlehren werden aufgezählt und verdammt (lib. 3 tit. 11: lib. 5 tit. 3).

Hospitäler und Krankenhäuser dürfen nicht mehr an Weltgeistliche als Pfründen vergeben werden, sondern dürfen nur von tüchtigen und gewissenhaften Laien verwaltet werden (lib. 3 tit. 11).

Verboten wird es, jemanden auf eine Kirchenstelle zu präsentieren, ohne ihm den genügenden Unterhalt zuzuweisen (lib. 3 tit. 12).

Strengeres Einhalten der kanonischen Tagzeiten, die an allen Kirchen von den Klerikern vorschriftsmäßig eingehalten und celebriert werden müssen, wird geboten (lib. 3 tit. 14).

Am Studium an der römischen Kurie, sowie an den Weltstudien zu Paris, Oxford, Bologna und Salamanca müssen im Interesse der Bekehrung der Ungläubigen je zwei Lehrer für die hebräische, arabische und chaldäische Sprache angestellt werden (lib. 5 tit. 1).

Die christlichen Fürsten müssen ihren sarazenischen Unter-

¹) S. Clerf, Archiv IV, 443 ff. und Hefele, l. c. VI, 532 ff.

thauen wehten, Mohammed anzurufen und zu heiligen Orten
desselben zu wallfahren (lib. 5 tit. 2).
Bestimmungen gegen Übergriffe der Inquisitoren werden
erlassen (lib. 5 tit. 3).
Wucherische Geldgeschäfte zu betreiben wird verboten,
ebenso Wucherer in Schutz zu nehmen (lib. 5 tit. 5).
Detailbestimmungen über Bestrafung derjenigen, die einen
Bischof oder sonstigen Kleriker mißhandeln, gefangen nehmen
u. s. w., werden gegeben (lib. 5 tit. 8).
Verboten wird es, die Einhaltung von Exkommunikation
und Interdikt zu verhindern (lib. 5 tit. 10).
Die Jurisdiktion der Kardinäle im Falle der Erledigung
des päpstlichen Stuhles wird bestimmt (lib. 1 tit. 3).
Alter und Beschaffenheit für den Empfang der Weihen
werden bestimmt (lib. 1 tit. 6).
Bei Wahlen, Postulationen und Provisionen für kirchliche Stellen, bei Zehnten, Ehe- und Wucherangelegenheiten
wird ein summarisches Prozeßverfahren gestattet (lib. 2 tit. 1).
Mit diesen Reformbestreben waren die Schäden, die man
in den Gutachten aufgedeckt hatte, keineswegs beseitigt. Die
Krankheit griff darum weiter um sich. So war leider der
einzige thatsächliche Erfolg, den das Concil von Vienne errichte, die Aufhebung des Templerordens.

Exkurs.

Unter der Nummer 17522 findet sich in den Katalogen
der Pariser Bibliothek nur die retractatio Johanna XXII, nicht
das von Berlaque angegebene Schriftstück. Auch unter einer
anderen Nummer fand ich das Schreiben des Jakob Dueze
nicht. Professor G. Blondel in Paris, an den ich mich danach
unter Vermittelung von Herrn Professor K. Wenck wandte,
teilte mir mit, daß das Schreiben des Jakob Dueze auf der
Pariser Bibliothek nicht zu finden sei und überhaupt unbekannt
wäre. Abbé Berlaque ist nun auch nicht imstande, wie er
schrieb, anzugeben, woher er diese Mitteilungen hat. Einige
Sätze seiner Angaben hat er aus Bertrands Buch „recherches
historiques sur l'origine, l'élection et le couronnement du
pape Jean XXII. Paris 1854" entlehnt. Berlaques Angaben
sind im Vergleich zu dem Bertrands ausführlicher, enthalten aber denselben Thatbestand und ändern nichts an den
Angaben Bertrands.

Bertrand, l. c., p. 47.	Berlaque, l. c. p. 53.
Jacques Duèse se prononça pour la suppression de l'ordre.	Le Souverain Pontife pouvait prononcer de son autorité privée la suppression de cet Ordre.
Mais à l'égard de Boniface, il fut plus circonspect, et il s'oppose à la profanation	Mais à l'égard de Boniface, J. D. fut plus circonspect et s'oppose à la profanation de

de ses ossements, à la condamnation de sa mémoire.
Cette double opinion prévalut dans le concile.
J. D. n'en eut pas moins le courage de se déclarer en opposition avec le désir du roi de France et de le priver d'un triomphe qui eût élevé… le pouvoir temporel au-dessus du pouvoir spirituel.

Bertrandy freilich, das ist merkwürdig, beruft sich für seinen kurzen Bericht auf keine Handschrift oder ein Dokument. Da ich annahm, daß er seine Angaben nicht aus der Luft gegriffen habe, fand ich, daß Ferretus von Vicenza berichtet, daß Johann XXII. auf dem Concil von Vienne anwesend war. Er schreibt darüber (bei Muratori, Rer. ital. script. IX, 1168 f.): Jacobus magnam scripturarum indaginem papae inssu contemplans, quid magis accommodum votis omnium quidve iuris opportunitati magre conveniat, in archivio mentis locat cornmque omnibus ad synodum accersitis mirabiliter explicat. Cuius iudicio Romanus pontifex acquiescens totusque Templariorum ordo deprimitur et ossa Bonifacii praeter ludibrium intacta servantur. Das ist alles, was die Quellen uns sagen.

I.

Auf das Leben des Duranti[1] muß ich näher eingehen, da hierüber noch manche Unklarheit herrscht und vieles noch unbekannt ist, das ich hier mitzuteilen in der Lage bin. Unser Duranti ist immer mit Namensvettern verwechselt worden.

[1] Gallia christiana nova. Paris 1715—85, I, 96 l.

ses cendres, à la condamnation de sa mémoire.
p. 56. La double opinion… prévalut dans le concile.
p. 56 — on ne peut s'empêcher d'admirer le courage… en se déclarant en opposition avec le désir de Philippe le Bel et en le privant d'un triomphe qui eût élevé le pouvoir temporel au-dessus du pouvoir spirituel.

Victor Le Clerc nennt nicht weniger als neun Duranti[1], die nicht immer auseinander gehalten worden sind. Was die Schreibweise des Namens anlangt, so findet man bald Durandus, Durandi, Duranius, Durantis oder Duranti und im französischen Durand, Durant oder de Durand. Das richtige ist Duranti oder Durantis[2]. So findet es sich auch auf seiner Grabschrift. Der Name findet sich in Italien wieder unter der Form von Durante oder Dante. Wir erfahren zuerst etwas von Wilhelm Duranti dem Jüngeren, soviel ich ersehen, durch die Bulle Bonifaz' VIII. vom 18. Dezember 1296, durch die er vom Archidiakon zum Bischof von Mende erhoben wurde. In diesem Jahre war Duranti der „Spekulator", sein Oheim, der Bischof von Mende, an der Kurie gestorben; so war an den Papst das Besetzungsrecht als Reservat übergegangen. Obgleich Duranti der Jüngere noch nicht das nötige Alter erreicht hatte und noch nicht zu den kirchlichen Weihen befördert war, erhob ihn doch der Papst zum Bischof, um an dem Neffen sowohl die Dienste, die sein Oheim dem päpstlichen Stuhle erwiesen hatte, als auch die persönlichen Verdienste des jüngeren Duranti zu belohnen[3]). Schon in folgenden Jahre erhielt er im Einverständnis mit dem Kapitel die Verordnung, keiner dürfte zu den Ämtern der Kirche zugelassen werden, dessen Verwandte, bis zur dritten Generation gerechnet, der Kirche von Mende irgendwie geschadet hätten, bevor sie vollständige Genugthuung dafür geleistet hätten[4]). Im April 1302 finden wir ihn in Paris in der Versammlung der Generalstände, in

[1] Hist. littér. de la Fr. XX, 439 in seinem Aufsatz über Duranti des Spekulator.
[2] Boisfixe, hist. génér. de Languedoc 1885, t. X, 45—49. Berlen, l. c. p. 432.
[3] Das Ernennungsschreiben des Papstes bei Gularez, l. c. III, 517.
[4] Gallia christ. I, 96; s. auch seinen Traktat par. III, tit 26.

— 66 —

der Bertrand de Got, der spätere Clemens V., die Erklärung abgab, die Erzbischöfe von Bordeaux schuldeten kraft alter Privilegien dem König von Frankreich keine Lehnsdienste¹). Er war dann auch unter denen, die auf Befehl Bonifaz' VIII. und wider das strenge Verbot Philipps zu dem Concil nach Rom (Allerheiligen 1302) sich begeben hatten, um dort über die Regierung Philipps zu Gericht zu sitzen²). Wir wissen ferner, daß er 1303 oder 1304 auf einem Provinzialconcil in Bourges anwesend war. Dies Concil bewilligte dem König, der sich infolge der Niederlage bei Courtrai in arger Geldverlegenheit befand, einen doppelten Zehnten, verlangte aber dafür von Philipp Zugeständnisse. Einen Teil dieser Forderungen scheint Philipp erfüllt zu haben, wenigstens erhält unser Duranti am 15. Juni 1304 Privilegien bewilligt³). Vielleicht weil der Eifer und die Kühnheit seines Oheims, die dieser als Graf der Romagna und Herr der Mark Ancona in den italienischen Wirren bewiesen hatte⁴), unvergessen waren, wurde unser Duranti als päpstlicher Gesandter im folgenden Jahre nach Mittelitalien geschickt, um Frieden zwischen Florenz und Pistoja zu vermitteln. Die Florentiner belagerten mit Lucca vereinigt unter der Führung des Herzogs von Calabrien Pistoja⁵). Duranti und der Abt Pilifort von Lombez, der andere päpstliche Gesandte, kamen am 20. September 1305 nach Florenz⁶). Im November gaben sie ihren Schiedsspruch in Siena ab. Die

¹) Gallia christ. Instrum. p. 300.
²) Dupuy, histoire etc. p. 86.
³) Boutaric, la France etc. p. 287, Anm. und p. 288.
⁴) Le Clerc, l. c. p. 427—424.
⁵) Die näheren Darlegungen dieser Streitigkeiten bei Hartwig, Florenz und Dante, Deutsche Rundschau, Bd. 73 (1892), S. 82 ff.
⁶) Del Lungo, Dino compagni e la sua cronica 1879, II, 310, I. I, 566. Giovanni Villani, Cronishe VIII, 82 nennt die Namen der päpstlichen Gesandten nicht, sondern spricht nur von zugerngenden Klerikern.

— 67 —

Florentiner setzten trotzdem den Krieg fort, bis sich Pistoja am 10. April 1306 ergab, in dessen Gebiet sich Florenz und Lucca teilten. Der Papst belegte sie dafür mit dem Bann¹). Im Februar des Jahres 1306 wurde ein langjähriger Streit, den Duranti, der sich während dieser Zeit in Paris am Hofe des Königs aufhielt, mit den königlichen Beamten des Gerichtssprengels von Beaucaire hatte, beendet. Duranti verlangte, daß das gesamte Bistum von Gévaudan und alle Rechte über dasselbe ihm und seiner Kirche gehörten, trotz alter Privilegien der Könige von Frankreich. Der Vertrag, den beide Parteien schlossen, war für Duranti vorteilhaft²). Auf Grund dieses Vertrages führte Duranti von jetzt ab den Titel comes Gabalitani³). Am 12. August 1308 berief ihn Clemens V. durch die Bulle faciens misericordiam in die Generalkommission für Frankreich zur Untersuchung der Templer, die außer ihm noch den Erzbischof von Narbonne, die Bischöfe von Bayeux und Limoges und vier Würdenträger zweiten Ranges einschloß⁴). Duranti war der energischste in der Kommission⁵). Aber der rohen Gewalt Philipps gegenüber war das Wirken der Kommission völlig unnütz. Sie war nur dazu da, möglichst viele Schuldzeugen hervortreten zu lassen, um damit das Verfahren des Königs und des Papstes zu rechtfertigen⁶). Am 26. Mai 1311 löste sie sich auf den Wunsch Philipps, „der die ganze Komödie satt bekommen hatte⁷)", auf. Es war keine rühmliche Rolle, die

¹) Die Absolutionsbulle Clemens' V. t. IV, 4600, 4735.
²) Die 15 Artikel dieses Vertrages bei Geisfler, l. c. IX, 284—297.
³) Le Clerc, l. c. p. 419 weiß davon nie, doch schon der Erzbischof dieses Titel trug, also nicht erst unser Duranti ihn erwarb.
⁴) Michelet, procès des Templiers 1841 und 1851 in Collection des documents inédits sur l'histoire de France I, 1 ff.
⁵) Michelet, I, 265.
⁶) R. Wend, Göttinger gel. Anz. 1888, p. 507.
⁷) Schottmüller, l. c. I, 364.

5*

Duranti in diesem Prozesse spielte. Indessen, wie hätte er es vermocht, Philipp Widerstand zu leisten? Duranti mußte sich wie die anderen dem Stärkeren fügen, er mochte wollen oder nicht. Noch minder ehrenvoll war seine weitere Mitwirkung im Templerprozeß. Duranti war nämlich mit in der Zahl derer, die auf Wunsch des Papstes aus den umfangreichen Pergamentrollen der Templerprozesse, die aus allen christlichen Ländern bei der Kurie eingegangen waren, Auszüge anfertigten. Diese Auszüge sind, wie Schottmüller nachgewiesen[1], ungerecht und tendenziös abgefaßt. Die Verfasser ließen sich — aber mußten sich vielmehr auch hier — von der Absicht leiten lassen, dem Concil hinreichende Schuldbeweise der Templer zu verschaffen, um von den Concilsvätern ohne weiteres ein Verdammungsurteil der Templer zu erlangen. Selbstverständlich war Duranti auch mit auf dem Concil von Vienne[2]. Im Jahre 1312 gründete er aus dem Vermögen seines Oheims wie aus dem seinigen ein collegium omnium sanctorum und zwar benützte er dazu die jüdische Synagoge, da er die Juden aus seinem Sprengel vertrieben hatte[3]. Er haßte die Juden[4]. Im Jahre 1316 saß er mit im Pariser Parlament[5]. In demselben Jahre war er zum Schiedsrichter zwischen dem Bischof Petrus von Rodez und dem Grafen von Rodez gewählt worden. Der Bischof war vom Papst 1309 als päpstlicher Legat nach Cypern geschickt worden und zum Patriarchen von Jerusalem ernannt worden. Bei seiner Rückkehr aus dem Orient fand er in seinem Bistum Streitigkeiten über die Gerichtsbarkeit

---
[1] Schottmüller, l. c. I, 505. II, 78 ff.
[2] Reg. Clem. V. t. VII, 8719.
[3] Gallia christ. I, 96.
[4] Unverzeihen giebt er diesem Haß in seinem Tractat Auszug pars II, tit. 61.
[5] Olhas, enominatione Augustinianum, Bruxelles 1654, p. 261.

vor. Der Krieg, der schon mit Heftigkeit begonnen hatte, wurde durch die Klugheit Durantis beigelegt. Die Gerichtsbarkeit sollte in Zukunft von beiden Teilen gemeinschaftlich ausgeübt werden[1]. Im April des folgenden Jahres brachte Duranti, dem der König Philipp mit dem Bischof von Laon abgeordnet hatte, den Zwist zwischen der Gräfin von Britannien, Isabella, und Guido von Britannien betreffend Rücksichtung der Vicegrafschaft Limousin, beizulegen, einen Vertrag zwischen beiden zustande, ebenso wie zwischen Robert von Flandern und Ludwig von Nevers[2]. König Philipp wollte es auch, daß die Königin Johanna nach dem Tode des Königs die Schriften, die die Ehrenrechte zwischen König und Königin enthielten, nur im Einverständnis des Grafen Ludwig von Evreux und des geliebten und getreuen Duranti erhalten sollte[3]. In neuerer Zeit hat Delaville le Roulx einen Kreuzzugsplan dem Wilhelm Duranti, Bischof von Mende — so ist der Verfasser genannt — skizziert, der seiner Meinung nach aus den Jahren 1323—1328, aus der Zeit Karls des Schönen, stammt, also demnach nicht vom älteren Duranti, sondern von unserem Duranti herrührt[4]. Delaville le Roulx vermag aber diese Datierung nicht absolut zwingend zu beweisen, sondern nur wahrscheinlich zu machen[5]. Zwei Thatsachen, die ihm unbekannt waren, erhärten seinen Beweis und machen ihn so gut wie überzeugend. 1. Aus dem Jahre 1326 ist uns ein Brief von Marino Sanuto erhalten, den dieser an unseren Duranti schrieb. Wir ersehen daraus, daß es bekannt war, wie unserem Duranti die Beförderung eines Kreuzzuges am Herzen lag, daß Duranti zum procurator

---
[1] Gall. christ. I, 216.
[2] Gall. christ. I, 96.
[3] Gall. christ. I, 96.
[4] Delaville le Roulx, la France en Orient, p. 80—83.
[5] p. 78, Anm. 4.

eines künftigen Kreuzzuges eingesetzt war¹). 2. In einem anderen Briefe aus dem Jahre 1330 an einen französischen Bischof berichtet Sanuto, daß neuerdings (nuper) unser Duranti als Gesandter des Königs von Frankreich an den Sultan von Babylon geschickt wurde²). Es ist klar, daß zu einer solchen Sendung nur ein Mann verwendet werden konnte, der Einblick in die Verhältnisse und Fragen des Orients hatte. Von Duranti dem Älteren, dem Spekulator, wird uns nichts berichtet, daß er sich mit der Kreuzzugsfrage und Kreuzzugsgutachten, die damals auch noch nicht die Rolle spielten wie in unserer Zeit, befaßt habe. Er kannte auch den Orient nicht aus eigener Anschauung, wir wissen vielmehr, daß er in seinem Leben Italien nie verlassen hat³). Sicherlich ist dies Kreuzzugsgutachten also von dem jüngeren Duranti verfaßt. Duranti verlangt in der Hauptsache folgendes: Einigung der christlichen Fürsten untereinander, da deren Uneinigkeit den Interessen der Lateiner im Orient verhängnisvoll gewesen sei und noch sei. Verbot, irgendwelche Handelsverbindungen mit dem Orient einzugehen, Errichtung einer See- und Militärmacht, die man nach Kleinasien schicken müsse, während ein kleines Corps von den Hospitalitern gestellt werden müsse, das, sich auf die noch in Palästina vorhandenen christlichen Elemente stützend, die Ankunft und die Landung des großen Herrzuges erleichtern solle. Unbedingt nötig wäre die Mitwirkung der Genuesen, Pisaner, Venetianer und der anderen Seemächte. Ferner giebt Duranti treffliche Ratschläge, wie man sich mit Proviant zu versehen habe, die Armee rekrutieren und einen einflußreichen Oberbefehlshaber erwählen müsse. Die Ratschläge des Duranti sind in der Hauptsache dieselben, wie wir aus den anderen Kreuzzugs-

¹) Bongars, l. c. II, cp. 4, p. 294—296.
²) bei Kurzmann, l. c. p. 765—786.
³) Briefste, l. c. X, p. 48.

gutachten schon kennen gelernt haben. Auf der Rückkehr von der Sendung nach dem Orient ist Duranti im Jahre 1328, meint man, in Cypern gestorben. Für diese Annahme seines Todesjahres, wie sie sich verschiedentlich findet, hat man keine Quellenangabe; die Annahme beruht bloß auf Vermutung. Nun berichtet Sanuto in seinem oben angeführten Briefe vom Jahre 1330, daß Duranti „neuerdings" mit Petrus von Bolube, dem Patriarchen von Jerusalem, an den Sultan von Babylon geschickt worden sei¹). Wir wissen aber, daß dieser Peter erst am 27. März 1329 von Johann XXII. zum Patriarchen von Jerusalem ernannt wurde²) und danach in den Orient ging³); folglich kann Duranti, der mit dem Patriarchen von Jerusalem an den Sultan geschickt wurde, nicht 1328 gestorben sein. Petrus kehrte 1331 wieder nach Frankreich zurück⁴). Auf der Rückkehr von dieser Sendung nach dem Orient starb Duranti, wie uns seine Grabschrift angiebt. Folglich werden wir das Jahr 1331 als das Todesjahr des Duranti annehmen müssen. In Nikosia ward er begraben. Sein Grab trägt die Inschrift:

Hic iacet Rev. in Xto Pr Guillus Duranti Dei gra Epūs Mimatensis Comesque Gabalitani peregrinus ad Sm Sepulchrum nuncius Duorum Pape & Regis Franciae ad Soltanum, qui in regressu obiit in Monasterio Belliloci in Cypro anno MCCC.... die .. Jul. Cuius anima requiescat in pace³).

¹) Dieser Peter ist eine bekannte Persönlichkeit; s. Riezler, Die litterar. Widersacher der Päpste. Leipzig 1874, S. 287. Weter und Welte, Kirchenlexikon, 2. Aufl., Bd. 9, S. 1321 f.
²) H. Denifle, Quellen zur Gelehrtengeschichte des Predigerordens, Archiv rc. II, 216, Anm. 4.
³) Jetzt versteht man auch das „nuper", wie Sanuto im Jahre 1330 schreibt.
⁴) Weter und Welte, l. c. S. 1321.

II.

Fragen wir uns nach diesem Abriß von Durantis Lebensgeschichte nach der Bedeutung dieses Mannes. Duranti verdient unsere Beachtung in höherem Maße, als sie ihm bisher zu teil geworden ist. Wir sehen ihn an allen großen Fragen, die zu seiner Zeit Frankreich und das Papstum bewegten, hervorragenden Anteil nehmen, am Templerprozeß, an den Reformbestrebungen, an dem Kreuzzugsunternehmen. Im Templerprozeß tritt er uns als gefügiges Werkzeug zugleich des Papstes wie des Königs vor die Augen*): wir müssen ihm unsere Achtung versagen. Seine Darlegungen über einen neuen Kreuzzug zeigen ihn uns als wohlunterrichteten Kenner des Orients. Sein Reformgutachten endlich beweist eine große Kenntnis der Concilsbeschlüsse und Kirchenväter und ein ernstes und aufrichtiges Streben nach Reform der Kirche an Haupt und Gliedern. Hierin zeigt er sich als Charakter und mit seinen Wünschen ist er nicht ohne Einfluß auf die Entwickelung der rechtlichen Anschauung über das Verhältnis von Papstum, Concil und Kirche geblieben. Der gelehrte Theolog und kühne Reformator war aber auch ein geschickter und welterfahrener Diplomat. Aus den diplomatischen Aufträgen, die ihm zu teil wurden, erkennen wir, daß er ein großes Vertrauen bei Papst und König genoß. Was seine politische Stellung anlangt, so müßte man meinen, daß er nach seinem Vorleben — er verdankte Bonifaz VIII. sein Bistum, er war Allerheiligen 1302 in Rom, er wird 1305 als päpstlicher Gesandter nach Florenz geschickt —, ein treuer Anhänger des Papstes war. Er wird es in damaliger Zeit auch gewesen sein. In seinen Anschauungen indessen, die er später über Papst und Concil in seinem Traktat ausspricht, und seinen Beschwerden über die Kurie erscheint er uns nicht als Freund des Papstes. Ich sagte — des Papstes, nicht der Kirche; denn wo es sich um die Ehre und das Wohl der Kirche gegenüber weltlichen Übergriffen handelt, da sehen wir ihn Klage führen über die Bedränger und Feinde der Kirche, da betont er die Rechte des Papstes, der nach der Konstantinischen Schenkung der Herr der Welt sei. Wir begreifen es, wie Duranti Gegner des Papstes geworden. Die Habsucht, die Simonie, der Leichtsinn bei Besetzung der Ämter, die Sittenlosigkeit, die an der Kurie herrschten, die ganze päpstliche Mißwirtschaft waren ihm, dem das Wohl der Kirche am Herzen lag und der eifrig auf Besserung ihrer Schäden bedacht war, verhaßt. Aus der Not der Zeit heraus, auf Grund seiner Erfahrungen verlangte er darum Beschränkung der päpstlichen Macht. Davon verspricht er sich das Beste für die Kirche. Da er kein Theoretiker, sondern ein Mann der Praxis war, der seine systematische Abhandlung über die Verfassungsfragen der Kirche schreiben wollte, so begnügte er sich diese Forderung aufzustellen, das Ziel, zu dem man kommen mußte und auch kam, anzugeben: die Wege, die dahin führten, mußten sich die kirchenpolitischen Publizisten der folgenden Jahrzehnte mit ihren prinzipiellen Untersuchungen und Beweisen selbst bahnen. Mühevoll war ihre Arbeit, nicht geringen Mut erforderte sie.

Was die politischen Anschauungen Durantis über das Verhältnis von Staat und Kirche anlangt, so steht er hier noch auf dem Boden des Thomas von Aquino und seines Schülers, des Ägidius Colonna. Anders dagegen als

---

*) Sarti, de claris archigymn. Bonon. profess. Bononiae 1769 bis 1772, I, 306.

*) Das Urteil Gurtius über Duranti (Gmelin, Schuld oder Unschuld des Templerordens, S. 389 f.), der ihn nach seinem Verhalten im Templerprozeß einen weiterverbildlichen, d. h. dem Papst ungetreuen Politiker nennt, scheint mir nicht richtig; denn in dieser Angelegenheit war Duranti zugleich dem Papst und dem König zu Willen.

Thomas denkt Duranti über die Machtbefugnis des Papstes innerhalb der Kirche. Thomas von Aquino hatte dem Papste Allgewalt und Unfehlbarkeit in der Kirche zugeschrieben und alles, was die ganze Kirche betraf, allein der päpstlichen Autorität zugewiesen[1]), Duranti dagegen spricht den Satz aus, der sich auch bei Occam und den Conciltheoretikern findet[2]): was alle betreffe, müsse von allen entschieden werden; denn auch der Papst ist ein Mensch und kann irren. Zwar hat Recht, ein Generalconcil zu berufen, schreibt Duranti noch allein dem Papste zu. An ihn war die Frage noch nicht herangetreten, die in der Folgezeit brennend wurde, was geschehen müsse, wenn die Not der Kirche ein Generalconcil forderte und der Papst aber die Päpste sich weigerten, es zu berufen. Occam und die Conciltheoretiker mußten diese Frage beantworten und erklärten, daß bei herrschendem Notstand der Zusammentritt des allgemeinen Concils auch ohne päpstliche Berufung nötig und zulässig sei[3]). Leicht ergab sich dieser Satz aus den Anschauungen des Duranti. Wie Thomas von Aquino den Duranti beeinflußt hat, so dieser den Occam und die Conciltheoretiker. Duranti steht seiner kirchenpolitischen Auffassung nach in der Mitte zwischen beiden.

Wenn wir bedenken, eine wie große Menge Reformgutachten auf dem Concil von Vienne eingereicht wurden, die sicherlich auch Vorschläge nach der Art Durantis, die an der Verfassung der Kirche rüttelten, enthielten, werden wir die Bedeutung des Wienner Generalconcils auch für die Entwickelung der kirchenrechtlichen Fragen im vierzehnten Jahrhundert nicht unterschätzen.

[1]) Joh. Langen, Das vatikanische Dogma von dem Universalepiskopat und der Unfehlbarkeit des Papstes. Bonn 1876, III, 121.
[2]) Wenck, Brand von Geisenauen und die Quellen der conciliar. Theorie (Histor. Zeitschr. 76), S. 51.
[3]) K. Wenck, l. c. S. 49.

Ich, Heinrich Rudolf Max Heber, wurde am 26. November 1868 zu Falkenstein im Vogtlande als Sohn des Bezirksschreibers Heinrich Anton Heber geboren. Bis zum Jahre 1882 besuchte ich in Auerbach, wohin mein Vater versetzt worden war, die Bürger- resp. Seminarschule. Vom Pfarrer des Ortes erhielt ich in selbstloser Weise den ersten lateinischen Unterricht. Erst in späterem Alter, Michaelis 1882, trat ich in das Gymnasium zu Zwickau ein, das ich Ostern 1890 mit dem Zeugnis der Reife verließ. Hierauf studierte ich in Leipzig bis Ostern 1894 Theologie und bestand hier das Examen pro candidatura et pro licentia concionandi. Darnach setzte ich in Marburg meine Studien fort, zugleich beschäftigte ich mich genauer mit Philosophie und Geschichte. Allen meinen Lehrern, deren Vorlesungen ich mit Eifer hörte, weiß ich aufrichtigen Dank für das, was ich durch ihr lebendiges Wort für Verstand und Herz empfangen habe. Zu dankbarster Verehrung aber fühle ich mich Herrn Professor Dr. Karl Wenck verpflichtet, an dessen historischen Übungen ich teilnehmen durfte, und der mir auch später Lehrer und Berater war. Ostern 1895 wurde ich Mitglied des Predigerkollegiums St. Pauli zu Leipzig, dem ich jetzt noch angehöre.